中等职业教育汽车类专业系列教材

汽车钣金技术

总 主 编　廖碧森

副总主编　彭文华　谭兴华

主　　编　黄树林

副 主 编　张　杰　余小秋

参　　编　熊　艳　王永忠　杨　莉　杨淑蓉

重庆大学出版社

内容提要

本书在编写中，贯彻了职业院校教材的"理实一体化教学为目的，以必需够用为度，以掌握概念、强化应用、培养技能为教学重点"的原则，保证了教材内容的科学性、先进性和实用性，突出了应用能力和综合素质的培养。本书坚持理论与实践相结合的原则，所有理论知识都在实际工作中得到应用，并通过实际操作进行巩固、强化。本书共5个项目，内容包括汽车车身的结构，钣金修复的常用工具，钣金修理的基本工艺，轿车车身检验、测量与矫正，以及典型轿车车身及板件损伤的维修。通过学习，学生可获得丰富的汽车钣金修理理论知识，形成良好的职业道德，具备熟练的钣金维修技能和管理技术。本书结合教学的要求，以实际应用为目的，以能力为本位，体现职业教学的特色。

图书在版编目（CIP）数据

汽车钣金技术／黄树林主编. -- 重庆：重庆大学
出版社，2019.11（2020.8重印）
中等职业教育汽车类专业系列教材
ISBN 978-7-5689-1611-0

Ⅰ.①汽…　Ⅱ.①黄…　Ⅲ.①汽车—钣金工—中等专
业学校—教材　Ⅳ.①U472.4

中国版本图书馆CIP数据核字（2019）第110415号

汽车钣金技术
QICHE BANJIN JISHU

主　编　黄树林
副主编　张　杰　余小秋
策划编辑：陈一柳
责任编辑：李定群　　版式设计：陈一柳
责任校对：夏　宇　责任印制：赵　晟

*

重庆大学出版社出版发行
出版人：饶帮华
社址：重庆市沙坪坝区大学城西路21号
邮编：401331
电话：（023）88617190　88617185（中小学）
传真：（023）88617186　88617166
网址：http://www.cqup.com.cn
邮箱：fxk@cqup.com.cn（营销中心）
全国新华书店经销
POD：重庆新生代彩印技术有限公司

*

开本：787mm×1092mm　1/16　印张：8.75　字数：236千
2019年11月第1版　2020年8月第2次印刷
ISBN 978-7-5689-1611-0　定价：23.00元

前言

　　随着我国汽车工业的快速发展和人民生活水平的不断提高，汽车的数量不断增加，汽车钣金维修技术人才就成了我国紧缺的技术人才。作为职业学校，肩负着培养钣金专业人才的使命，培养一名既有一定专业理论知识又有实践技能的钣金技能型人才必须从基础专业课程抓起。"汽车钣金技术"是汽车钣金类专业的主要课程，也是培养钣金类专业技术人才必不可少的基础课程。为此，我们对维修行业进行了调研，在对钣金喷漆作业日常工作内容和要求充分了解的前提下，编写了此书。

　　本书在编写中，坚持理论与实际相结合的原则，所有理论知识都在实际工作中能得到应用，并通过实际操作进行巩固、强化。本书充分体现行动导向的学习方法，以实际操作来检验学习成果，从而更有效地完成教学过程。在编写过程中，还遵循了职业院校教材的"理实一体化教学为目的，以必须够用为度，以掌握概念、强化应用、培养技能为教学重点"的原则，保证了教材内容的科学性、先进性和实用性，突出了应用能力和综合素质的培养。本书内容系统、完整，且突出新技术的应用，能非常密切地把理论和实践结合起来，让学生在学习时理解各知识点，在技能操作中领会技术要领，以便达到学中练、练中学的目的。

本书为项目任务式安排，科学有序、梯度明显，便于教师在教学中制订教学计划和编写教案。全书共5个项目，内容包括汽车车身的结构，钣金修复的常用工具，钣金修理的基本工艺，轿车车身检验、测量与矫正，以及典型轿车车身及板件损伤的维修。通过学习，学生可获得丰富的汽车钣金修理理论知识，形成良好的职业道德，具备熟练的钣金维修技能和管理技术。

本书由黄树林担任主编，由张杰、余小秋担任副主编，熊艳、王永忠、杨莉、杨淑蓉参加编写。在编写过程中，得到丰都县迅达汽车维修服务有限公司和其他许多汽车钣金维修师傅的帮助，在此表示真诚的感谢。

因编写人员水平有限，书中难免存在不足之处，敬请读者批评指正。

编　者

2019年2月

目录

项目一 汽车车身的结构

项目综述

汽车由四大部分组成，车身指的是车辆用来载人、装货的部分，也指车辆整体。有的车辆的车身既是驾驶员的工作场所，又是容纳乘客和货物的场所。车身包括车窗、车门、驾驶舱、乘客舱、发动机舱及行李舱等。车身的造型有厢型、鱼型、船型、流线型及楔型等；结构形式分为单厢、两厢和三厢等。车身造型结构是车辆的形体语言，其设计好坏将直接影响车辆的性能。20世纪70年代中期前，以有梁式车身为主，短暂使用过半车架式车身(只有部分骨架，如单独的立柱、拱形梁、加固件等)。20世纪80年代以后，以整体式车身为主。近几年生产的小型、中型甚至大型的新型轿车，大部分都采用整体式车身结构。本书主要讲解轿车的钣金技术，本项目重点介绍轿车车身的结构。

任务一　认识承载式车身结构

任务描述

　　本任务主要讲述车身是一切部件安装的基础，修理钣金的工人必须充分了解车身的结构，才能更好地对钣金进行修复。

任务目标

- 知道承载式车身的定义；
- 能说出承载式车身的特点；
- 能说出承载式车身的分类。

任务实施

一、车身构件的认识

1.承载式车身结构件

承载式车身结构如图1-1所示。

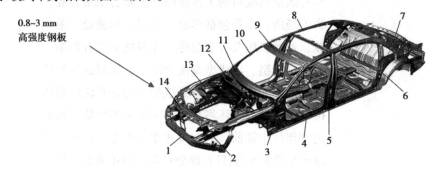

图1-1　承载式车身结构

1—前横梁；2—前纵梁；3—前立柱；4—门槛板；5—中立柱；6—后立柱；7—后顶盖侧板；8—顶板纵梁；
9—顶板横梁；10—风窗立柱；11—前围上盖板；12—前围板；13—减振器支座；14—散热器支座

2.承载式车身外部板件

承载式车身的外部板件如图1-2所示。

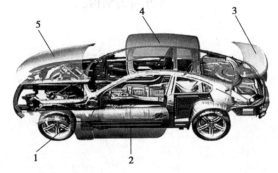

图1-2　承载式车身的外部板件

1—前翼子板；2—车门板件；3—行李舱盖板；4—车顶板；5—发动机罩

二、承载式车身结构解析

1.承载式车身的构成

承载式车身的构成如图1-3所示。

图1-3　承载式车身的构成

　　承载式车身的前车身是由前保险杠、翼子板、前纵梁及发动机安装支架等组成，如图1-4所示。前保险杠位于车辆的最前端，是车身外部装饰件，主要部件一般由非金属面罩与金属加强筋相连而成，起到装饰和防护作用，如图1-5所示。翼子板是遮盖车轮的车身覆盖件，一般采用薄钢板冲压制造，防止被车轮卷起的砂石、泥浆溅到车厢的底部，如图1-6所示。

前纵梁

挡泥板

保险杠横梁

发动机安装支架

图1-4　承载式车身的前车身

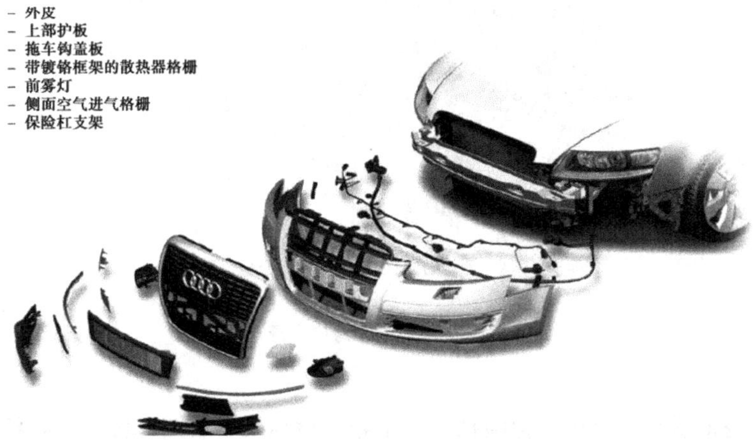

- 外皮
- 上部护板
- 拖车钩盖板
- 带镀铬框架的散热器格栅
- 前雾灯
- 侧面空气进气格栅
- 保险杠支架

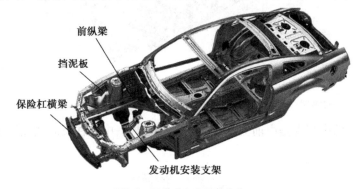

图1-5　前保险杠

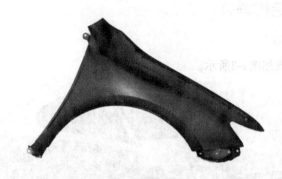

图1-6 翼子板

前纵梁是前车身的主要强度件，直接焊接在车身下部，如图1-7所示。

前纵梁

图1-7 前纵梁

2.承载式车身的中车身

承载式车身的中车身是由前立柱、地板、门槛板、中立柱及后立柱等组成，如图1-8所示。

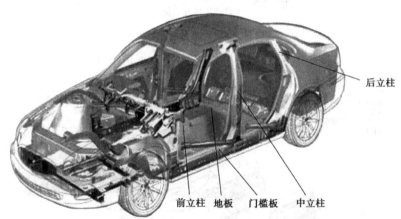

后立柱

前立柱 地板 门槛板 中立柱

图1-8 承载式车身中车身

3.承载式车身的后车身

承载式车身的后车身是由后保险杠、行李箱、后纵梁、后挡风玻璃、后部上盖板、后三角翼板及后侧围板等组成，如图1-9所示。

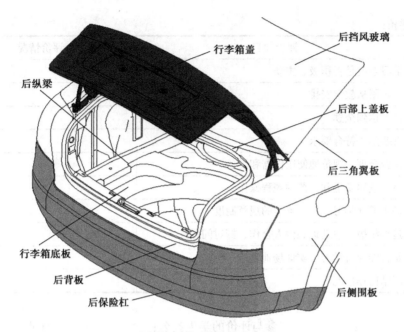

后挡风玻璃

行李箱盖

后纵梁

后部上盖板

后三角翼板

行李箱底板

后背板

后保险杠

后侧围板

图1-9 承载式车身的后车身

任务检测

1.完成如图1-10所示的车身结构的认识与填写。

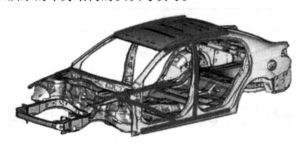

图1-10 车身结构

此图所描述的车身结构是_____式车身。

2.完成下列题目的填空。

（1）承载式车身因_____与_____合成一体，没有单独的车架，故承载式车身也称无架式车身。

（2）_____式车身利用了原先车架所占用的空间，大幅度提高车身的有效容积，使汽车更加小型化。

（3）承载式车身主要部件是_____在一起的，车身易于形成紧密的结构，有助于在碰撞时保护车内驾乘人员。

评价与反思

自我评价：

通过本任务的学习，你掌握了哪些知识？

小组评价:

序号	评价项目	评价情况
1	学习态度是否积极、主动	
2	是否服从教学安排	
3	是否达到全勤	
4	着装是否符合要求	
5	是否合理、规范地使用仪器和设备	
6	是否按照安全和规范的规程操作	
7	是否遵守学习、实训场地的规章制度	
8	是否积极、主动地和他人合作、探讨问题	
9	是否能保持学习、实训场地整洁	
10	团结协作情况	

参与评价的学生签名：_____ 日期：_____

教师评价：
_____
_____
_____

教师签名：_____ 日期：_____

任务二 认识前置前驱车身结构

任务描述

由于目前多数小型轿车采用的都是前置前驱的车架形式，因此，本任务重点讲解一下前置前驱的车身结构。

任务目标

- 了解前置前驱的车身机构的优点与缺点；
- 了解前置前驱的汽车各部件安装位置。

任务实施

发动机前置前桥驱动时，发动机可横置，也可纵置，还可布置在轴距外、轴距内或前桥上方。不同布置方案对汽车均有影响。前置前驱轿车的布局一般都是将发动机横向布置，与设计紧凑的变速驱动桥相联。我国生产的奥迪A6、桑塔纳2000、捷达、一汽7220、别克、帕萨特、雅阁、飞度、宝来、中华、富康、英格尔等品牌乘用车，均采用发动机前置前轮驱动的布置形式。

前置前驱的优点如下：

①省略传动轴装置，减轻了车重，结构较紧凑。

②有效地利用了发动机室的空间，驾驶室内空间较为宽敞，并有利于降低地板高度，提高乘坐舒适性。

③发动机靠近驱动轮，动力传递效率高，燃油经济性好。

④发动机等总成前置，增加前轴的负荷，提高了轿车高速行驶时的操纵稳定性和制动时的方向稳定性。

⑤简化了后悬架系统。

⑥在积雪或易滑路面上行驶时，靠前轮牵拉车身，有利于保证方向的稳定性。

⑦汽车散热器布置在汽车前部，散热条件好，发动机可得到足够的冷却。

⑧行李箱布置在汽车后部，故有足够大的行李箱空间。

前置前驱的缺点如下：

①启动、加速或爬坡时，前轮负荷减少，导致牵引力下降。

②前桥既是转向桥，又是驱动桥，结构及工艺复杂，制造成本高，维修保养困难。

③前桥负荷较后轴重，并且前轮又是转向轮，故前轮工作条件恶劣，轮胎寿命短。

④前轮驱动并转向需要等速万向节，其机构和制造工艺较为复杂。

⑤一旦发生正面碰撞事故，因其发动机及其附件损失较大，故维修费用高。

一、前置前驱车身的特点

前置前驱汽车车身如图1-11所示。

图1-11　前置前驱汽车车身

（1）发动机装在前面，有较大向前的惯性力，故发动机的安装组件要相应增强。

（2）变速器和差速器结合为一体，取消了传动轴，自重显著减少。

（3）汽车的内部空间增大。

（4）前悬架和前轮负荷增加。

（5）由于噪声和振动都限制在车身的前部，因此，汽车的总体噪声和振动减小。

（6）由于油箱可设计在车中心底部，因此，行李箱容积可增大，其内部也更平整。

二、前置前驱发动机的安装形式

前置前驱发动机安装形式有两种：一种是纵向安置，另一种是横向安置。

1.纵向安置

发动机由联接左右前纵梁的前悬架横梁支承，如图1-12所示。

2.横向安置

发动机支承在4个点上（发动机的前后安装中心构件及左右前侧梁），如图1-13所示。

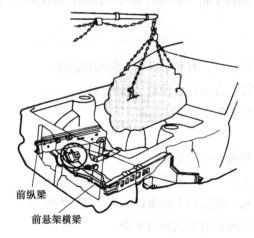

前纵梁

前悬架横梁

图1-12　发动机纵向安置

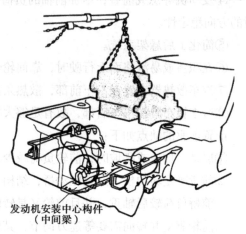

发动机安装中心构件
（中间梁）

图1-13　发动机横向安置

三、前置前驱的前车身

前置前驱的车身结构如图1-14所示。前置前驱和前置后驱汽车的前悬架几乎是相同的。前置前驱的前车身由发动机罩、前翼板、散热器支架、前横梁、前纵梁、前挡泥板及前围板等构成，如图1-15所示。前车身的精度对前轮定位有直接影响，前置前驱汽车前部承受较大的载荷，前纵梁比前置后驱汽车的相应构件强度要大。

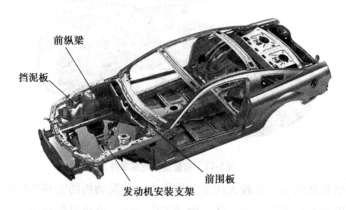

前纵梁

挡泥板

前围板

发动机安装支架

图1-14　前置前驱的车身结构

前置前驱转向操纵机构（见图1-16）的齿轮齿条装在前围板的下部。转向传动杆通过前横梁后部的大开口装在直对开口下面的结构上。

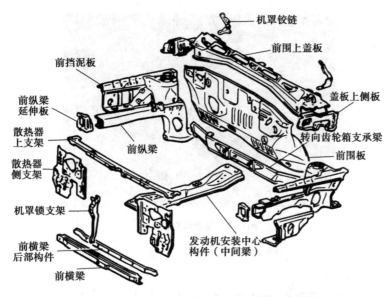

图1-15　前置前驱车身的前车身

图1-16　前置前驱车身的转向操纵机构

四、前置前驱的中车身

车身地板（见图1-17）由地板、地板纵梁、加强梁（见图1-18）及地板横梁组成。 地板纵梁用高强度钢板制成 。FF（前置前驱）和FR（前置后驱）车辆的中央下车身最大差别在于车底板拱起的高度，如图1-19所示。

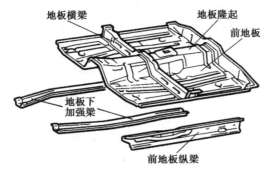

图1-17　前置前驱车身地板

图1-18 前置前驱加强梁

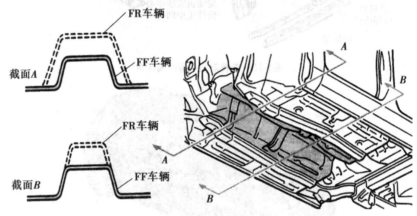

图1-19 前置前驱和前置后驱的底部中车身地板隆起区

五、前置前驱的后车身

前置前驱的后车身下部由后地板横梁和后地板纵梁组成，如图1-20所示。后地板纵梁比后轮驱动汽车的低，后车底板纵梁的后段都经过波纹加工（见图1-21），以提高吸收撞击的效果。

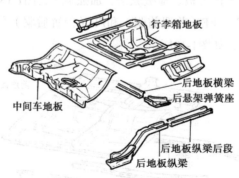

图1-20 前置前驱后车身底部

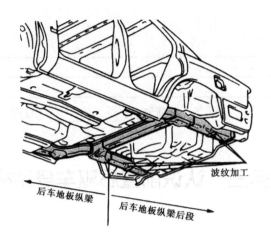

后车地板纵梁

后车地板纵梁后段

波纹加工

图1-21 前置前驱车身底部波纹加工

任务检测

完成下列题目的填空。

（1）前置前驱车身_____和_____结合为一体，取消了传动轴，自重显著减少。

（2）前置前驱车身_____和_____负荷增加。

评价与反思

自我评价：

通过本任务的学习，你掌握了哪些知识？

小组评价：

序号	评价项目	评价情况
1	学习态度是否积极、主动	
2	是否服从教学安排	
3	是否达到全勤	
4	着装是否符合要求	
5	是否合理、规范地使用仪器和设备	
6	是否按照安全和规范的规程操作	
7	是否遵守学习、实训场地的规章制度	
8	是否积极、主动地和他人合作、探讨问题	
9	是否能保持学习、实训场地整洁	
10	团结协作情况	

参与评价的学生签名：_____ 日期：_____

教师评价：

_____

_____

_____

教师签名：_____　　　日期：_____

任务三　认识前置后驱车身结构

任务描述

　　虽然现在多数小车的传动系采用了前置前驱的布置形式，但是在一些中高端车型，特别是一些性能车型上，大多都是采用前置后驱的传动系布置形式。在本任务中，主要了解一些前置后驱车型的车身结构。

任务目标

- 了解前置后驱车身机构的优点与缺点；
- 了解前置后驱汽车的各部件安装位置。

任务实施

一、前置后驱车身的特点

　　前置后驱的构造如图1-22所示。前置后驱车身的特点如下：

　　①发动机、传动装置和差速器均匀分布在前轴、后轴之间，减轻了操纵系统的操纵力。

　　②发动机纵向放置在前车身的副车架或支承横梁上。

　　③发动机可单独拆卸和安装，便于车身修理操作。

　　④传动轴安装在地板下的通道内，减少了乘员室的内部空间。

　　⑤由于发动机、传动系及后轮由前到后布置，因此，汽车的振动和噪声源也分布到车身的前面和后面。

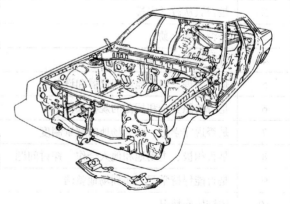

图1-22　前置后驱的构造

二、前置后驱的前车身

　　前置后驱的前车身包括散热器支架、悬架的安装支架、转向装置的支架及前围板，如图1-23所示。

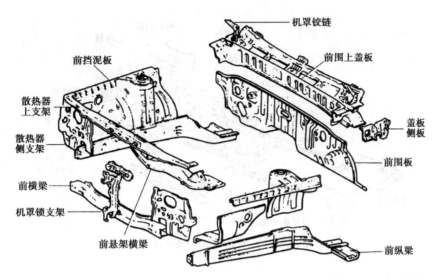

图 1-23　前置后驱的前车身

三、前置后驱的侧车身

前置后驱的侧车身如图1-24所示。前柱、中柱、车门槛板及车顶纵梁等部位都采用层板设计，应用大量的高强度钢，同时采用非常坚固的箱形结构。

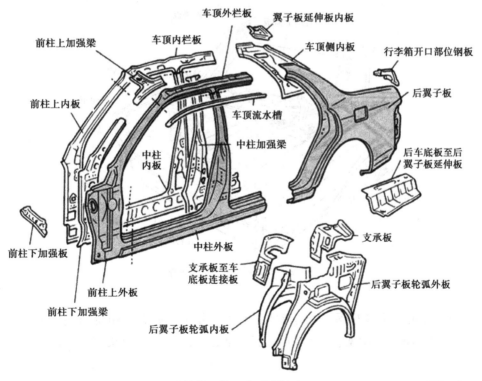

图1-24　前置后驱的侧车身

四、前置后驱的底部车身

前置后驱的底部车身主要由前后纵梁、地板纵梁、地板及横梁构成，如图1-25所示。

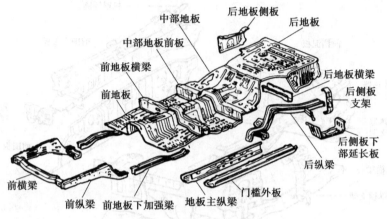

图1-25 前置后驱的底部车身

五、前置后驱的后车身

前置后驱的后车身分为轿车形式和旅行车形式。

1.轿车形式

轿车形式如图1-26所示。行李舱和乘员室分离，后围上盖板和后座的软垫托架连接在后侧板和后地板，围板可防止车身扭曲。

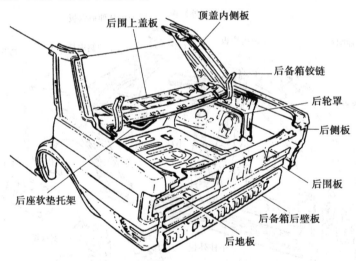

图1-26 轿车前置后驱的后车身

2.旅行车形式

旅行车形式如图1-27所示。行李舱与乘员室不分开；没有单独的后车身，采用加大顶盖内侧后板及后窗上部框架、将顶盖内侧板延伸至后侧板等措施来提高车身的刚度。

任务检测

请完成下列题目的填空。

（1）前置后驱车身_____、_____和_____均匀分布在前轴、后轴之间，减小了操纵系统的操纵力。

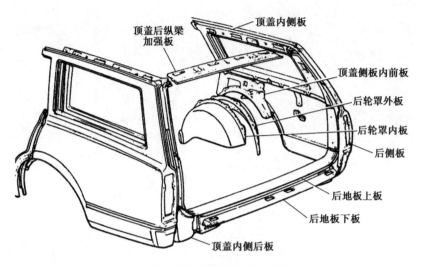

图1-27 旅行车前置后驱的后车身

（2）前置后驱车身发动机_____向放置在前车身的_____或_____上。

（3）前置后驱车身传动轴安装在_____内，减小了乘员室的内部空间。

评价与反思

自我评价：

通过本任务的学习，你掌握了哪些知识？

小组评价：

序号	评价项目	评价情况
1	学习态度是否积极、主动	
2	是否服从教学安排	
3	是否达到全勤	
4	着装是否符合要求	
5	是否合理、规范地使用仪器和设备	
6	是否按照安全和规范的规程操作	
7	是否遵守学习、实训场地的规章制度	
8	是否积极、主动地和他人合作、探讨问题	
9	是否能保持学习、实训场地整洁	
10	团结协作情况	

参与评价的学生签名：_____ 日期：_____

教师评价：

_____

_____

_____

教师签名：_____ 日期：_____

项目二 钣金修复的常用工具

项目综述

随着国内汽车保有量的急剧增长，汽车碰撞事故也呈快速上升趋势，汽车钣金维修业务逐渐为各类汽车维修站、修理厂和快修店所重视，纷纷在钣金维修方面加大投资力度。车辆被撞击受损之后，从事故车进厂后的损伤分析到钣金工的诊断测量，从"手术台"上的拉伸矫正到焊机镐锤下的局部整修，从钣金件的装复到车辆的调试，在各项工艺流程中，专业技术人员要用种类繁多、形式各异的设备工具，如车身校正仪、大梁校正仪、电子测量系统、钣金修复机、焊机以及各种打磨切割工具等，采用各种各样的检测维修技术，确保车辆在几何尺寸和使用性能方面恢复到原有水平。

任务一　认识划线的工具

任务描述

加工制造的基础是工程图样。工程图样是产品制造中的基本技术文件和表达技术思想的重要工具。为了使画出的图样完整清晰、准确无误，需要应用划线工具来完成。

任务目标

- 熟悉划线工具的种类和特点；
- 能正确使用划线工具对钢板进行划线。

任务实施

钣金工作中，常用的划线工具有划针、划规、样冲及划线盘等。

一、划针

划针是用来在板料上划线的基本工具。一般它是由中碳钢或高碳钢制成的，尖端为硬质合金，如图2-1所示。弯头划针用于直头划针划不到的地方。划针长度约为120 mm，直径为4～6 mm。为了能使其在板料上划出清晰的标记线，划针尖端非常锐利，尖端角度一般为15°～20°，并且具有耐磨性。

图2-1　划针

划直线时，划针应朝向划线方向倾斜50°～70°，同时向外倾斜10°～20°，划线粗细不得超过0.5mm，同时防止划出弧线，如图2-2所示。

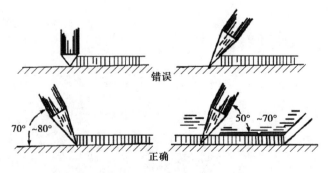

图2-2　划针的正确划线方法

二、划规

划规又称圆规，用于划较小的圆和圆弧以及划折边线，如图2-3所示。它可沿板料边缘划等距离引线，用来截取线段，如图2-4所示。

图2-3　圆规

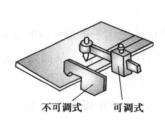

不可调式　　可调式

图2-4　划规

三、样冲

样冲也称心冲，由工具钢制成。它常用废钻头改制，长度为90~150 mm，尖端磨成30°~40°或60°，并经淬火硬化处理。样冲主要用来冲圆心，或钻孔时冲中心眼，如图2-5所示。

四、划针盘

划针盘的结构如图2-6所示。它主要用于平台上划线或者矫正工件。它由底座、立柱、夹紧螺母及划针组成。

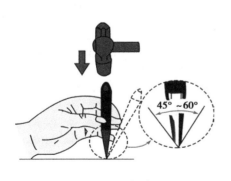

图2-5　样冲

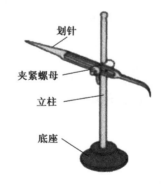

划针
夹紧螺母
立柱
底座

图2-6　划针盘

五、材料的合理裁配

1.集中下料法

如图2-7所示，由于工件的形状、大小不一，因此，为了合理使用材料，将使用同样

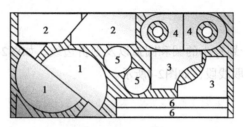

图2-7　集中下料法

牌号、同样厚度的工件集中一次划线下料。

2.长短搭配法

长短搭配法适用于条形板料的下料。下料时，首先将较长的料排出来，然后根据长度再排短料，这样长短搭配，从而减少余料。

3.零料拼整法

如图2-8所示，在钣金作业中，有时按整个工件划料，则挖去的材料较多，浪费较大。可有意将该工件裁成几部分，然后再拼起来使用，可节省用料。

图2-8　零料拼整法

4.排板套裁法

如图2-9所示，当工件下料的数量较多时，为使板料得到充分利用，可对同一形状的工件或各种不同形状的工件进行排板套裁。其方式通常有直排、斜排、单行排列、多行排列、对头斜排及对头直排等。

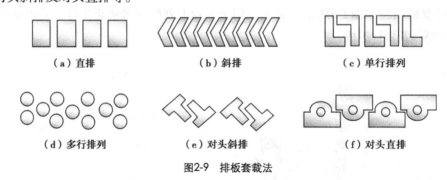

（a）直排　　　　　　（b）斜排　　　　　　（c）单行排列

（d）多行排列　　　　（e）对头斜排　　　　（f）对头直排

图2-9　排板套裁法

任务检测

完成下列题目的填空。

（1）划直线时，划针（或石笔）应朝向划线方向倾斜_____。

（2）划线按使用工具，可分为_____划线和机械自动划线。初级工人需要用_____划线来训练基本功。

评价与反思

自我评价：

通过本任务的学习，你掌握了哪些知识？

小组评价：

序号	评价项目	评价情况
1	学习态度是否积极、主动	
2	是否服从教学安排	
3	是否达到全勤	
4	着装是否符合要求	
5	是否合理、规范地使用仪器和设备	
6	是否按照安全和规范的规程操作	
7	是否遵守学习、实训场地的规章制度	
8	是否积极、主动地和他人合作、探讨问题	
9	是否能保持学习、实训场地整洁	
10	团结协作情况	

参与评价的学生签名：＿＿＿＿＿＿＿ 日期：＿＿＿＿＿＿

教师评价：

＿＿＿＿＿＿＿＿＿＿＿＿＿＿＿＿＿＿＿＿＿＿＿＿＿＿＿＿＿＿＿＿＿＿＿

＿＿＿＿＿＿＿＿＿＿＿＿＿＿＿＿＿＿＿＿＿＿＿＿＿＿＿＿＿＿＿＿＿＿＿

＿＿＿＿＿＿＿＿＿＿＿＿＿＿＿＿＿＿＿＿＿＿＿＿＿＿＿＿＿＿＿＿＿＿＿

教师签名：＿＿＿＿＿＿＿ 日期：＿＿＿＿＿＿＿

任务二　认识整形工具

任务描述

汽车车门钣金整形修复是针对汽车车门碰撞所产生的大小损伤进行修复的工作，即汽车车门修复。它在整个汽车维修过程中起着举足轻重的作用。碰撞损伤恢复程度的好坏将直接影响碰撞车辆修复后的使用性能和安全结构。这正是这个工序的重要性。

任务目标

- 熟悉整形工具的种类和特点；
- 能正确使用整形工具。

任务实施

一、锤子

1.锤子的分类

锤子是汽车钣金维修中的基本工具。它的形状很多，用途很广。

• 扁头锤：主要用于敲击平面，也可敲击较深的凹陷和边缘拐角，如图2-10（a）所示。

• 捅锤：主要用于直捅敲击弧形构件，也可横击，还可当撬具和垫铁使用，如图2-10（b）所示。

• 拱锤：主要用于圆弧形工件的整形和制作，如整修或配制小型车的轴端盖等，如图2-10（c）所示。

• 中间锤：为了使工件避免直接捶击而使用中间锤，如图2-10（d）所示。

• 平头锤：主要用于修整箱形角等部位，如图2-10（e）所示。

• 鹤嘴锤：主要用于消除工件表面的小凹坑，如图2-10（f）所示。

• 其他形式：根据捶击的需要，锤头可做成各种形状，如橡胶锤（见图2-10（g））、木锤、铜锤等。

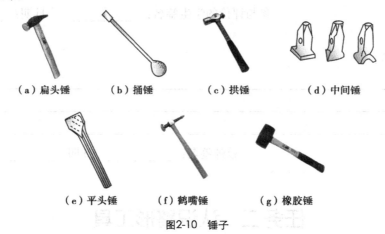

（a）扁头锤　　（b）捅锤　　（c）拱锤　　（d）中间锤

（e）平头锤　　（f）鹤嘴锤　　（g）橡胶锤

图2-10　锤子

2.钣金锤的使用方法

（1）操作要求

①通过训练掌握钣金锤的使用方法。

②使用前，擦净锤面及手柄上的油污，以免使用时脱手伤人。

③检查手柄是否松动，以免锤头脱出造成事故。

（2）钣金锤的正确使用方法

钣金锤的正确使用方法如图2-11所示。

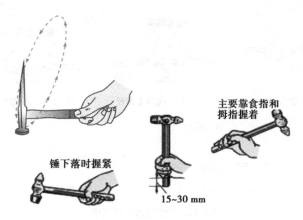

锤下落时握紧

主要靠食指和
拇指握着

15~30 mm

图2-11 钣金锤的正确使用方法

二、顶铁

顶铁是一种手持的铁砧，与锤配合进行钣金修理作业，也称垫铁或衬铁，如图2-12所示。

如图2-13所示为各种不同形状的顶铁。

用顶铁法修整可分为偏托法和正托法两种。

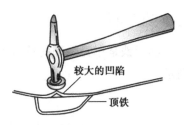

较大的凹陷

顶铁

图2-12 顶铁与锤的配合

图2-13 顶铁

偏托法是直接用顶铁抵住最大凹陷处，使用木锤或尼龙锤敲击凹陷周围产生的隆起变形，即"深入浅出"地由最大凹凸变形处开始敲平，如图2-14（a）所示。

当局部凹凸变形被修平至一定程度时，应改用如图2-14（b）所示的正托法进一步敲平。

（a）偏托法

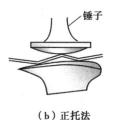

锤子

（b）正托法

图2-14 顶铁法修整

顶铁法敲平的工序如图2-15所示。所用顶铁的端面形状应与被修正壁板形状相吻合。

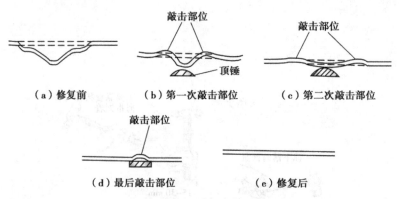

（a）修复前　　　（b）第一次敲击部位　　　（c）第二次敲击部位

（d）最后敲击部位　　　　（e）修复后

图2-15　顶铁法敲平的工序

三、匙形铁

匙形铁是车身修理的特殊工具。它主要用于抛光金属表面，故称修平刀，如图2-16所示。

图2-16　匙形铁

如图2-17所示，不同的匙形铁可与不同的面板形状匹配使用。

图2-17　匙形铁修隆起

当面板背面的空间有限时，匙形铁也可当成顶铁使用，如图2-18所示。

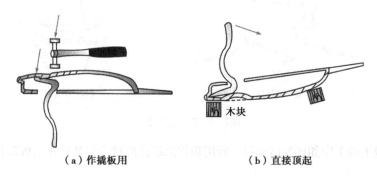

（a）作撬板用　　　　　（b）直接顶起

图2-18　匙形铁作顶铁使用

四、凹坑拉出器和拉杆

对密封型车身面板的凹陷，无法利用现成的孔洞使用撬镐撬起时，可采用凹坑拉出器或拉杆进行修理，此时需在表面皱褶处钻孔。凹坑拉出器如图2-19所示。拉出器的顶端呈螺纹尖端形，或呈钩状。

图2-19　凹坑拉出器

将拉杆的弯钩插入所钻的孔，钩住凹坑两侧向外提拉（见图2-20、图2-21），视具体情况在周围轻轻捶击，将凹坑拉起，同时敲打其隆起点（见图2-22）。经整平后，用气焊修补孔洞，喷漆复原。

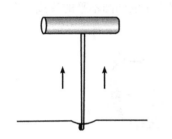
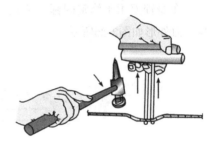

图2-20　拉杆　　　图2-21　使用几根拉杆起大凹坑　　　图2-22　使用拉杆的同时敲打其隆起点

使用钣金吸盘可即时修复凹坑，如图2-23所示。

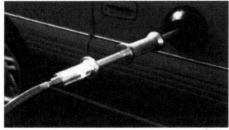

提示：
使用凹坑吸盘可即时修复凹坑，且不伤漆面。

图2-23　凹坑吸盘

五、夹具与撬具

在钣金修理中，对部件进行整形、板料折边或固定划线等加工，经常用到各种夹具，其形状如图2-24所示。为完成某一特定形状的板件而使用的各种撬具如图2-25所示。

（a）尼龙夹　　　　（b）塑料圆钢快速夹紧器　　　　（c）多用台虎钳夹

图2-24　各种夹具

图2-25 各种撬具

六、车身锉刀

车身锉刀用于修整因锤、顶铁、匙形铁等钣金工具作业留下来的凹凸不平的痕迹。车身锉刀外形如图2-26所示。

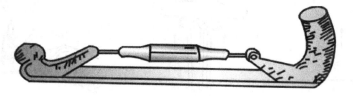

图2-26 车身锉刀

车身锉刀的使用方法如下：

①当所锉部位较平时，以30°握锉刀直推，如图2-27（a）所示；直握锉刀偏30°斜推，如图2-27（b）所示。

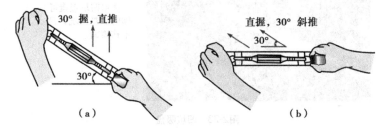

（a）　　　　　　　　　　　　（b）

图2-27 30°的锉削方法

②凸起的表面，沿曲率最小弧面的母线方向握住锉刀直推，如图2-28（a）所示；以等于或小于30°进行侧推，如图2-28（b）所示。

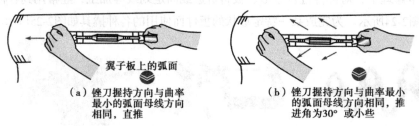

（a）锉刀握持方向与曲率　　　　（b）锉刀握持方向与曲率最小
最小的弧面母线方向　　　　　的弧面母线方向相同，推
相同，直推　　　　　　　　　进角为30°或小些

图2-28 小于30°锉削方法

任务检测

完成下列练习。

（1）锤子有_____、捅锤、_____、木锤、橡胶锤、平头锤、_____及拱锤等。

（2）匙形铁的作用是什么？

（3）凹坑拉出器的作用是什么？

（4）夹具的作用是什么？

（5）车身锉刀的作用是什么？

评价与反思

自我评价：

通过本任务的学习，你掌握了哪些知识？

小组评价：

序号	评价项目	评价情况
1	学习态度是否积极、主动	
2	是否服从教学安排	
3	是否达到全勤	
4	着装是否符合要求	
5	是否合理、规范地使用仪器和设备	
6	是否按照安全和规范的规程操作	
7	是否遵守学习、实训场地的规章制度	
8	是否积极、主动地和他人合作、探讨问题	
9	是否能保持学习、实训场地整洁	
10	团结协作情况	

参与评价的学生签名：_____　　日期：_____

教师评价：

_____

_____

_____

教师签名：_____　　日期：_____

任务三　认识剪切工具

任务描述

在钣金修复作业中，剪切也是钣金修复的重要一环。没有剪切工具，可能很多损坏就无法修复，即使勉强修复也不美观。因此，本任务详细介绍剪切工具。

任务目标

- 熟悉钣金剪切工具的种类和特点；
- 能正确使用剪切工具。

任务实施

一、手动剪刀

手动剪刀可分为手剪刀和台式剪刀，如图2-29所示。它一般用于单件生产或者半成品的修整工作。

（a）手剪刀　　　　　（b）台式剪刀

图2-29　手动剪刀

对于剪切的问题需要采用一定的手工剪切方法。这些剪切方法包括直线的剪切方法、外圆的剪切方法、内圆的剪切方法及厚料的剪切方法。

- 直线的剪切方法：如图2-30所示，剪切短料直线时，被剪去的那部分一般都放在剪刀的右面。

（a）剪短料　　　　　（b）剪长料　　　　　（c）剪切板料

图2-30　直线的剪切方法

- 外圆的剪切方法：如图2-31所示，剪切外圆应从左边下剪，按顺时针方向剪切，边料会随着剪刀的移动而向上卷起。若边料较宽时，可采取剪直线的方法。

- 内圆的剪切方法：如图2-32所示，剪切内圆时，应从右边下剪，按逆时针方向剪切，边料会随着剪刀的移动而向上卷起。

图2-31　外圆的剪切方法

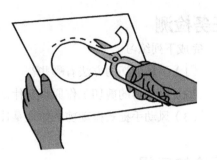

图2-32　内圆的剪切方法

• 厚料的剪切方法：如图2-33所示，剪切较厚板料时，可将剪刀夹在台虎钳上，在上柄套上一根管子，右手握住管子，左手拿住板料进行剪切。也可由两人操作，一人敲，一人持剪刀和板料，这样敲击可剪切较厚板料。

（a）在台虎钳上用剪刀剪切厚料

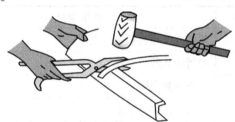

（b）用敲击法剪切厚料

图2-33　厚料的剪切方法

二、电动剪

电动剪属于振动式剪刀，由一个小型电动机带动刀杆上下快速运动，与下刀头配合从而达到剪切的目的，如图2-34所示。

三、风动手提式振动剪

风动手提式振动剪简称风剪，其特点是体积小、质量小，操作灵活、轻便。风动手提式振动剪如图2-35所示。

图2-34　电剪刀

图2-35　风动手提式振动剪

任务检测

完成下列练习。

（1）手动剪切的方法有哪些？

（2）电动剪的剪切工作原理是什么？

（3）风动手提式振动剪的原理是什么？

评价与反思

自我评价：

通过本任务的学习，你掌握了哪些知识？

小组评价：

序号	评价项目	评价情况
1	学习态度是否积极、主动	
2	是否服从教学安排	
3	是否达到全勤	
4	着装是否符合要求	
5	是否合理、规范地使用仪器和设备	
6	是否按照安全和规范的规程操作	
7	是否遵守学习、实训场地的规章制度	
8	是否积极、主动地和他人合作、探讨问题	
9	是否能保持学习、实训场地整洁	
10	团结协作情况	

参与评价的学生签名：＿＿＿＿＿＿＿　日期：＿＿＿＿＿＿

教师评价：

＿＿＿＿＿＿＿＿＿＿＿＿＿＿＿＿＿＿＿＿＿＿＿＿＿＿＿＿＿＿＿＿

＿＿＿＿＿＿＿＿＿＿＿＿＿＿＿＿＿＿＿＿＿＿＿＿＿＿＿＿＿＿＿＿

＿＿＿＿＿＿＿＿＿＿＿＿＿＿＿＿＿＿＿＿＿＿＿＿＿＿＿＿＿＿＿＿

教师签名：＿＿＿＿＿＿＿＿　日期：＿＿＿＿＿＿

任务四　认识锯割工具

任务描述

利用锯条锯断金属材料(或工件）或在工件上进行切槽的操作，称为锯割。虽然当前各种自动化、机械化的切割设备已广泛使用，但毛锯切割还是常见的。它具有方便、简单和灵活的特点，在单件小批生产、临时工地以及切割异形工件、开槽、修整等场合应用较广。因此，手工锯割是钳工需要掌握的基本操作之一，本任务介绍锯割工具。

任务目标

- 熟悉钣金锯割工具的种类和特点；
- 能正确使用锯割工具。

任务实施

一、锯割工具

目前，钣金件修理中多使用可调式手锯，如图2-36所示。

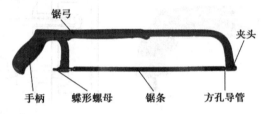

图2-36 可调式手锯

可调式手锯的使用方法如下：

①选择锯条。目前，常用锯条长度为300 mm（锯条两端小圆孔中心距），宽为10 mm，厚为0.6 mm。

②安装锯条。

③将工件夹持在台虎钳上，锯缝应靠近钳口处，以免切割时工件颤动。

④右手紧握锯柄，左手挟持前端弓架。手锯握持方式如图2-37 所示。

图2-37 手锯握持方法

⑤起锯时，锯齿与工件表面约成15°，且锯齿面应保持在3个齿以上，如图2-38所示。

（a）在工件前起锯　　　　　　　　　　（b）在工件后起锯

图2-38 起锯方法

⑥锯割时，右手推动手锯，左手向下略施压力，并扶正锯弓作往复运动。

⑦锯割速度一般以每分钟往复30次左右为宜，但还应考虑工件的材料。

二、铆枪

铆接是车身修理作业不可缺少的工艺。用弹射铆钉枪进行铆接是十分方便的。如图2-39所示为电动抽芯铆枪。

如图2-40所示为铆接过程示意图。先将铆钉组件插入被连接件的通孔中，再用铆钉器将外伸的铆钉杆拉断，铆接即告成功。

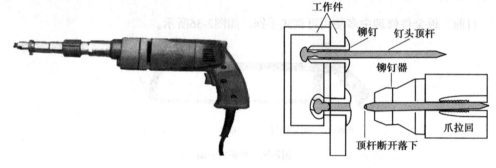

图2-39　电动抽芯铆枪　　　　　　　　　　图2-40　铆接过程示意图

任务检测

完成下列练习。

（1）可调式手锯的使用方法是什么？

（2）铆枪的使用方法是什么？

评价与反思

自我评价：

通过本任务的学习，你掌握了哪些知识？

小组评价：

序号	评价项目	评价情况
1	学习态度是否积极、主动	
2	是否服从教学安排	
3	是否达到全勤	
4	着装是否符合要求	
5	是否合理、规范地使用仪器和设备	
6	是否按照安全和规范的规程操作	
7	是否遵守学习、实训场地的规章制度	
8	是否积极、主动地和他人合作、探讨问题	
9	是否能保持学习、实训场地整洁	
10	团结协作情况	

参与评价的学生签名：＿＿＿＿＿＿ 日期：＿＿＿＿＿＿

教师评价：
＿＿＿＿＿＿＿＿＿＿＿＿＿＿＿＿＿＿＿＿＿＿＿＿＿＿＿＿＿＿
＿＿＿＿＿＿＿＿＿＿＿＿＿＿＿＿＿＿＿＿＿＿＿＿＿＿＿＿＿＿
＿＿＿＿＿＿＿＿＿＿＿＿＿＿＿＿＿＿＿＿＿＿＿＿＿＿＿＿＿＿

教师签名：＿＿＿＿＿＿ 日期：＿＿＿＿＿＿

任务五 认识电动工具

任务描述

因使用电动工具可提高工作效率，并且部分电动工具完全可以替代手动工具，故在汽车维修中普遍使用电动工具。在钣金修复中，要提高效率就必须应用电动工具。因此，本任务介绍电动工具。

任务目标

- 熟悉电动工具的种类和特点；
- 能正确使用电动工具。

任务实施

一、手电钻

手电钻是以电为动力的手持式钻孔工具，如图2-41所示。电源电压一般有220 V和36 V两种。其尺寸规格有 ϕ 3.6~ ϕ 13 mm的若干种。

图2-41 手电钻

二、手提砂轮机

按砂轮直径，常用的规格有 ϕ 150 mm， ϕ 80 mm， ϕ 40 mm 3种。如图2-42所示为手提砂轮机。

三、盘式砂磨机

通常盘式砂磨机打磨时用的砂轮片粒度为60#，80#，120#等，一般采用80#，如图2-43所示。

图2-42　手提砂轮机　　　　　　　图2-43　盘式砂磨机

盘式砂磨机的使用方法如下：

①安装砂轮片。

a.将软垫背装在转轴上，用手旋至紧固即可，如图2-44（a）所示。

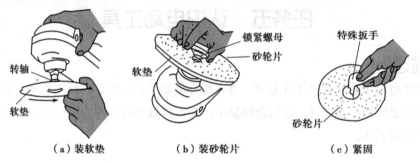

（a）装软垫　　　　　（b）装砂轮片　　　　　（c）紧固

图2-44　砂轮片的安装

b.将砂轮片放在软垫上，如图2-44（b）所示。

c.用特殊扳手紧固，如图2-44（c）所示。

②右手抓住砂磨机前面把手，左手抓住后面把手，启动开关。

③在金属表面开始打磨。正确的打磨方法如图2-45所示。应使砂轮片的1/3表面与被加工表面接触，这样研磨效果最好。

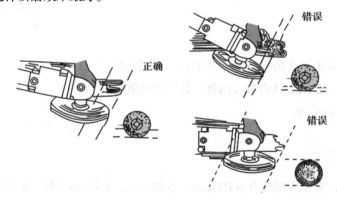

图2-45　正确的打磨方法

任务检测

完成下列练习。

（1）手电钻的用途有哪些？

（2）手提砂轮机的规格有哪些？

（3）盘式砂磨机的使用方法是什么？

评价与反思

自我评价：

通过本任务的学习，你掌握了哪些知识？

小组评价：

序号	评价项目	评价情况
1	学习态度是否积极、主动	
2	是否服从教学安排	
3	是否达到全勤	
4	着装是否符合要求	
5	是否合理、规范地使用仪器和设备	
6	是否按照安全和规范的规程操作	
7	是否遵守学习、实训场地的规章制度	
8	是否积极、主动地和他人合作、探讨问题	
9	是否能保持学习、实训场地整洁	
10	团结协作情况	

参与评价的学生签名：＿＿＿＿＿＿＿　日期：＿＿＿＿＿＿＿

教师评价：

＿＿＿＿＿＿＿＿＿＿＿＿＿＿＿＿＿＿＿＿＿＿＿＿＿＿＿＿＿＿＿＿＿＿＿＿＿＿

＿＿＿＿＿＿＿＿＿＿＿＿＿＿＿＿＿＿＿＿＿＿＿＿＿＿＿＿＿＿＿＿＿＿＿＿＿＿

＿＿＿＿＿＿＿＿＿＿＿＿＿＿＿＿＿＿＿＿＿＿＿＿＿＿＿＿＿＿＿＿＿＿＿＿＿＿

教师签名：＿＿＿＿＿＿＿　日期：＿＿＿＿＿＿＿

项目三　钣金修理的基本工艺

项目综述

　　钣金工的对象是用金属板材或各种型材通过钣金加工工艺加工成不同形状的金属构件。汽车钣金构件在汽车制造和汽车维修中的应用是非常普遍的。汽车覆盖件大都由金属薄板制作而成，极易被腐蚀与损坏。因此，钣金作业在汽车维修作业中占有极其重要的地位。要当好一名钣金工，必须熟悉汽车钣金常用的各种金属材料，了解各种材料的机械性能，了解钣金制品的联接方式和制作工艺，才能保证钣金作业的质量与效率。

任务一　了解钣金件矫正工艺

任务描述

　　钣金是一种针对金属薄板的综合冷加工工艺。它包括剪、冲/切/复合、折、焊接、铆接、拼接、成形等。通常钣金件工厂最重要的3个步骤是剪、冲/切、折。金属板材加工则称钣金加工。但很多时候，对钣金的受损只需恢复原状就可以了。只对钣金件进行矫正的工艺，称为钣金件矫正工艺。

任务目标

- 了解钣金件矫正工艺的基本概念；
- 了解钣金件矫正工艺的方法；
- 能按照要求完成工件的矫正操作。

任务实施

一、手工矫正工艺

1.手工矫正

　　手工矫正是在平板、钻砧或台虎钳上用锤子等工具进行矫正的。常用的手工矫正方法有延展法、扭转法、弯形法及伸张法。

- 延展法：主要针对金属薄板中部凹凸而边缘呈波浪形以及翘曲等变形的情形，如图3-1所示。

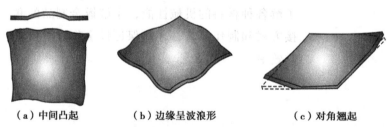

（a）中间凸起　　　　（b）边缘呈波浪形　　　　（c）对角翘起

图3-1　延展法矫正金属薄板

- 扭转法：用来矫正条料扭曲变形的。操作时，将条料夹持在台虎钳上，用扳手把条料扭转到原来形状，如图3-2所示。

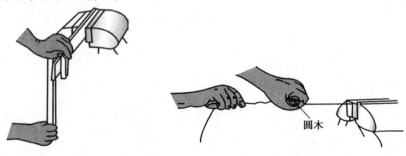

图3-2　扭转法矫正条料　　　　图3-3　伸张法矫正直线材

- 弯形法：用来矫正各种弯曲的棒料和在宽度方向上弯曲的条料。
- 伸张法：用来矫正各种细长线材的，如图3-3所示。

2.各种表面的矫正方法

各种表面的矫正方法有凸鼓面的矫正、边缘翘曲的矫正、对角翘曲的矫正、板料的拍打矫正、曲面凸鼓变形的矫正、曲面凹陷变形的矫正、大凹面的矫正、大曲率表面的矫正、小凹痕的矫正、扁钢扭曲的矫正、角钢变形的矫正、圆钢变形的矫正及焊接件的矫正。

（1）凸鼓面的矫正

①将板料凸面向上放在平台上，左手按住板料，右手握锤。

②敲击应由板料四周边缘开始，逐渐向凸鼓面中心靠拢，如图3-4所示。

③板料基本矫正后，再用木锤进行一次调整性敲击，以使整个组织舒展均匀。

（2）边缘翘曲的矫正

①将边缘呈波浪形板料放在平台上，左手按住板料，右手握锤。

②敲击由板料中间开始，逐渐向四周扩散，如图3-5所示。

③板料基本矫正后，再用木锤进行一次调整性敲击，以使整个组织舒展均匀。

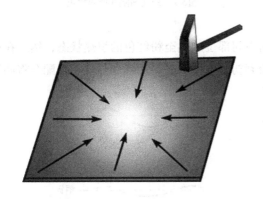 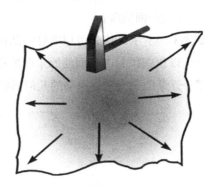

图3-4　凸鼓面的矫正　　　　　　　　　图3-5　边缘翘曲的矫正

（3）对角翘曲的矫正

①将翘曲板料放在平台上，左手按住板料，右手握锤。

②先沿着没有翘曲的对角线开始敲击，依次向两侧伸展，使其延伸而矫正，如图3-6所示。

③板料基本矫正后，再用木锤进行一次调整性敲击，以使整个组织舒展均匀。

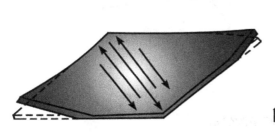 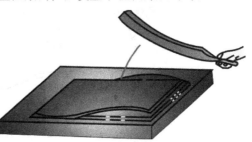

图3-6　对角翘曲的矫正　　　　　　　　图3-7　板料的拍打矫正

（4）板料的拍打矫正

如图3-7所示，用拍板（甩铁）在板料上拍打，使板料凸起部分受压变短，同时张紧部分受压伸长，从而达到矫正的目的。

（5）曲面凸鼓变形的矫正

如图3-8所示，首先使锤与顶铁中心对正，然后进行敲击修整。握锤的手不宜过紧，以手腕的力量敲击。敲击速度100次／min左右为宜。

（6）曲面凹陷变形的矫正

如图3-9所示，顶铁应放在稍偏于捶击之处，捶击点为凸凹不平表面的较高部位。这样，可使钢板在顶铁与捶击点中间处受到作用力。

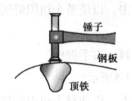 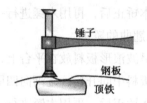

图3-8　曲面凸鼓变形的矫正　　　　图3-9　曲面凹陷变形的矫正

（7）大凹面的矫正

如图3-10所示，首先可用喷灯将凹面中间部位加热至粉红色的炽热状态，然后在中间部位下侧以顶铁顶起，从而使原来凹陷得到初步复位，最后用锤和顶铁相互配合将四周变高的部分逐渐敲平，恢复原来的几何形状。

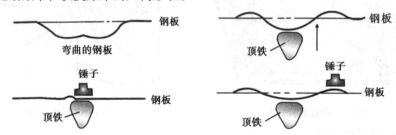

图3-10　大凹面的矫正

（8）大曲率表面的矫正

如图3-11所示，修整如翼子板、挡泥板等表面曲率较大的部位（高凸面）时，首先用火焰加热，然后顶铁顶起，最后捶击敲平，恢复原来的外形。

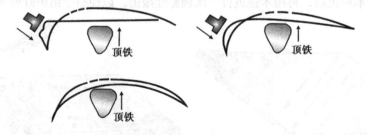

图3-11　大曲率表面的矫正

（9）小凹痕的矫正

①如图3-12所示，用鹤嘴锤的尖头把凹陷处从里往外捶平。

②如图3-13所示，用撬棍伸进狭窄的空间，把凹陷撬平。此方法一般用于撬平车门、后翼子板和其他封闭式车身板的凹陷。

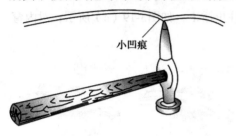

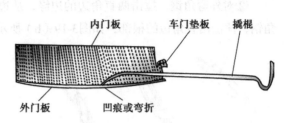

图3-12　凹陷处从里往外捶平　　　　图3-13　用撬棍伸进狭窄的空间后把凹陷撬平

③如图3-14所示，用凹陷拉拔器将凹陷拉平，主要用于封闭型车身板或从后面无法接近的折皱。

④用拉拔杆将凹陷拉平（见图3-15），敲打和拉拔使凸起部分降低、凹陷部分上升。

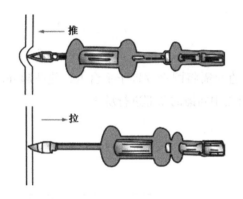

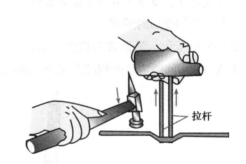

图3-14　凹陷拉拔器拉平　　　　图3-15　敲打和拉拔使凸起部分降低、凹陷部分上升

（10）扁钢扭曲的矫正

①将扁钢夹持在台虎钳上。

②用呆扳手夹住扁钢的另一端，用力往扁钢扭曲的反方向扭转，如图3-16所示。

③扭曲变形基本消除后，采用捶击法将其矫正。

④捶击时，将扁钢斜置，平整部分搁置在平台上，扭转翘曲的部分伸出在平台外，如图3-17所示。

⑤用锤子敲击稍离平台外向上翘曲的部分，敲击点离平台的距离为板料厚度的2倍左右，边敲击、边将扁钢向平台内移动。

⑥翻转180°再进行同样的敲击，直到矫正为止。

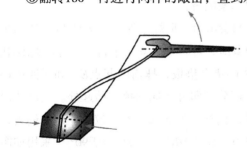

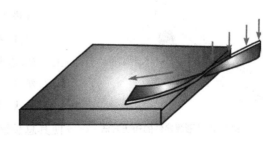

图3-16　呆扳手矫正扁钢　　　　图3-17　捶击矫正法

（11）角钢的变形（见图3-18）与矫正

①将外弯角钢和内弯角钢放在圆筒铁砧或带孔的平台上。

②对外弯角钢，捶击两直角边的边缘，从边缘往里捶击，如图3-19（a）所示；对内弯角钢，捶击两直角边的根部，如图3-19（b）所示。

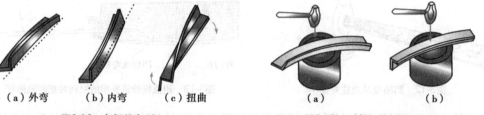

（a）外弯　　（b）内弯　　（c）扭曲

图3-18　角钢的变形

图3-19　对角钢的矫正方法

③将扭曲角钢的一端夹紧在台虎钳上。

④用呆扳手夹住角钢另一端的直角边，用力使角钢沿相反的方向扭转，并稍微超过角钢的正常状态，如图3-20所示。

⑤反复几次，基本消除角钢的扭曲变形。

（12）圆钢变形的矫正

如图3-21所示，圆钢多为弯曲变形，其矫直只需将圆钢放置于平台上，使凸起处向上，用适当的中间锤置于圆钢的凸起处，然后敲击中间锤的顶部进行矫正。

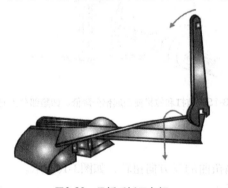

图3-20　呆扳手矫正角钢

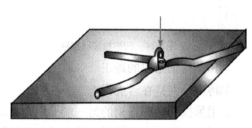

图3-21　圆钢矫正方法

（13）焊接件的矫正

①L形焊接件角度的矫正

如图3-22所示为由两根角钢垂直地焊在一起构成的L形焊接件，冷却后焊接角度会发生变化。

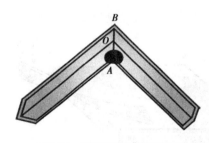

图3-22　L形焊接件的矫正方法

②矩形框架的矫正

如图3-23所示为矩形焊接件。框架AD与BC边出现双边弯曲现象时，可将框架立于平台上，外弯边AD朝上，BC边两端垫上垫板，捶击凸起点E。如果四边都略有弯曲，可分别向外或向内捶击凸起处。当尺寸误差不太大时，把框架竖起来，捶击较长一边的端头，使其总长缩短。如$\angle ABC$和$\angle ADC$小于90°，采用如图3-24所示的方法，捶击B点使其扩展。

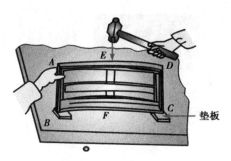

图3-23　矩形框架矫正方法

图3-24　误差不大矩形矫正方法

二、机械矫正工艺

手工矫正效率低，劳动强度大，仅适用于对小件的矫正。对尺寸较大的工件，则采用专用机械进行矫正，如图3-25所示。汽车钣金材料的机械矫正是通过矫正机对钢板进行多次反复弯曲，使钢板长短不等的纤维趋向相等，从而达到矫正的目的。汽车钣金板料变形的矫正一般都是在上辊、下辊平行的矫正机上进行的。

图3-25　整平法

汽车钣金件的机械整平介绍如下：

1.操作要求

①正确使用辊子式整平机。

②按照要求将变形钣金件整平。

③操作时，不得将手放在辊子周边。

2.矫正方法

（1）金属板料的机械整平

整平方法：如图3-25所示，轴辊的间隙根据板厚进行调节。矫正的质量取决于辊子的精度。

（2）滚压已预先成形的工件

滚压方法：如图3-26所示，首先将工件下面的辊子换成较工件之上的辊子曲率略小的辊子，然后利用急松装置将底辊升起，同时将工件置于辊子之间，调整底轮的压力，使工件能在适度的压力之下在辊子之间滑动。

注意：要全面滚压，以免局部延展伸长。要随时利用样板核对工件的曲率。将钣金件在一个方向依次滚压完后，再将工件调转90°。重复以上操作，滚压线路与原来方向交叉进行，如图3-27所示。

（a）前后滚压方法

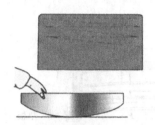
（b）样板核对

（c）钣金件的波形皱纹

图3-26　滚压法

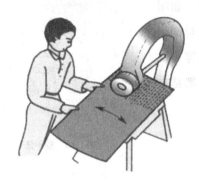

图3-27　滚压交叉法

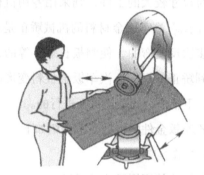

图 3-28　滚压波形皱纹

（3）滚压平钣金件的波形皱纹

滚压方法：如图3-28所示，滚压时，金属板移动的方向与原来移动的方向成对角线，压力保持均匀，并平稳地移动，以免再次造成波纹。

（4）大型钣金件的成形

成形方法如图3-29所示。根据工件的要求，在滚压大型钣金件时，需要两个人把持工件，在滚压机上按上述描述的方法依次前后移动。

图3-29　大型钣金件滚压法

三、火焰矫正工艺

1.火焰矫正原理

火焰矫正就是对变形的钢材采用火焰局部加热的方法进行矫正。金属材料具有热胀冷缩的特性，火焰矫正正是利用这种新的变形去矫正原来的变形。

（1）加热位置、火焰能率与矫正的关系

火焰矫正的效果主要取决于加热的位置和火焰的能率。不同的加热位置可以矫正不同方向的变形。若位置选择错误，不但起不到矫正的作用，反而会使变形变得更复杂、更严重。

（2）加热方式

• 点状加热：加热的区域为一定直径范围的圆圈状点，故称点状加热，如图3-30（a）所示。

• 线状加热：加热区域呈直线状的加热方法，称为线状加热，如图3-30（c）所示。

• 三角形加热：加热区域呈三角形的加热方法，称为三角形加热，如图3-30（c）所示。

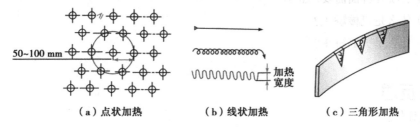

（a）点状加热　　　　（b）线状加热　　　　（c）三角形加热

图3-30　火焰矫正的加热方式

2.火焰矫正的操作

（1）中部凸鼓工件的火焰矫正

①将板料置于平台上，用卡子将板料四周压紧。

②用点状加热方式加热凸鼓处周围，如图3-31（a）所示。说明：也可采用线状加热方式，即从中间凸鼓部分的两侧开始加热，然后逐步向凸鼓处围拢的方式进行矫平，如图3-31（b）所示。

③矫平后，再用锤子沿水平方向轻击卡子，便能松开卡子取出板料。

（a）点状加热　　　　　　（b）线状加热

图3-31　火焰加热过程

（2）边缘波浪形工件的火焰矫正

①用卡子将板料三面压紧在平台上，波浪形变形集中的一边不要卡紧，如图3-32所示。

②用线状加热方式先从凸起两侧平的地方开始加热，再向凸起处围拢。其加热顺序如图3-32所示的箭头。

图3-32　边缘波浪形工件的火焰矫正

说明：加热线长度一般为板宽的1／3～1／2，加热线距离视凸起的高度而定。凸起越高，距离应越近，一般取20～50 mm。若经过第一次加热后还有不平，可重复进行第二次加热矫正，但加热线位置应与第一次错开。

任务检测

完成下列练习。

（1）手工校正的方法有哪些？

（2）有哪几种面需要矫正？

（3）什么是机械矫正？

（4）什么是火焰矫正？

评价与反思

自我评价：

通过本任务的学习，你掌握了哪些知识？

小组评价：

序号	评价项目	评价情况
1	学习态度是否积极、主动	
2	是否服从教学安排	
3	是否达到全勤	
4	着装是否符合要求	
5	是否合理、规范地使用仪器和设备	
6	是否按照安全和规范的规程操作	
7	是否遵守学习、实训场地的规章制度	
8	是否积极、主动地和他人合作、探讨问题	
9	是否能保持学习、实训场地整洁	
10	团结协作情况	

参与评价的学生签名：_____　日期：_____

教师评价：

_____

_____

_____

教师签名：_____　日期：_____

任务二 了解汽车钣金件手工制作工艺

任务描述

钣金成形就是对薄板、薄壁型材和薄壁管材等金属毛料施以外力，使之发生塑料变形或剪断，从而成为具有预期形状和性能的零件加工方法。钣金的手工制作工艺包括弯曲、放边、收边、拔缘、拱曲、卷边、咬缝及制筋等。本任务开始学习这些工艺。

任务目标

- 钣金手工成形工艺的基本概念；
- 钣金手工成形工艺的方法；
- 能利用工具和设备独立完成工件的各种操作。

一、弯曲

板料弯曲是钣金成形的基本操作工艺。弯曲形式一般有角形弯折和弧形弯曲两种。

1.角形弯折

板料角形弯折后，出现平直的棱角。弯折前，板料根据零件形状划线下料，并在弯折处划出折弯线，一般折弯线划在折角内侧。如果零件尺寸不大，折弯工作可在台虎钳上进行。将板料夹持在台虎钳上，使折弯线恰好与钳口衬铁对齐，夹持力度合适。当弯折工件在钳口以上较长或板料较薄时，应用左手压住工件上部，用木锤在靠近弯曲部位轻轻敲打，如图3-33所示。如果敲打板料上方，易使板料翘曲变形。

（a）正确的　　　　　　（b）错误的

图3-33 尺寸不大的弯曲

如果板料在钳口以上部分较短，可用硬木垫在弯角处，再用力敲打硬木，如图3-34所示。

（a）正确的　　　　　　（b）错误的

图3-34 较短板料角形弯折的修复

如果钳口宽度较零件宽度小，可借助夹持工具完成，如图3-35所示。

图3-35 夹持工具

弯成各种形状工件时，可借助木垫或金属垫等辅助工具。

（1）弯S形件

其操作顺序如图3-36所示。首先依划线夹持板料，弯成 α 角，然后将方衬垫垫入 α 角，再弯成 β 角。

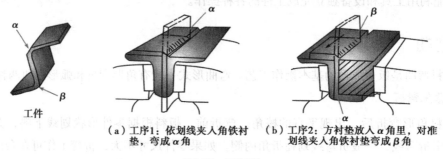

（a）工序1：依划线夹入角铁衬　　（b）工序2：方衬垫放入 α 角里，对准
　　垫，弯成 α 角　　　　　　　　　　划线夹入角铁衬垫弯成 β 角

图3-36 弯S形件

（2）弯n形件

如图3-37所示，先弯成 α 角，再用衬垫弯成 β 角，最后完成 θ 角。弯曲封闭的盒子时，其方法步骤与弯形件大致相同，最后夹在台钳上，使缺口朝上，再向内弯折成形。

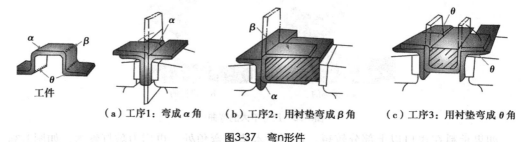

（a）工序1：弯成 α 角　　　　（b）工序2：用衬垫弯成 β 角　　　　（c）工序3：用衬垫弯成 θ 角

图3-37 弯n形件

2.弧形弯曲

以圆柱面弯曲为例，首先在板料上划出若干与弯曲轴线平行的等分线，作为弯曲时的基准线；然后用槽钢作为胎具，将板料从外端向内弯折。当钢板边缘接触时，将对接缝焊接几点，将零件在圆钢管上敲打成形，再将接缝焊牢。捶击时，应尽量使用木锤，以防板料变形，如图3-38所示。

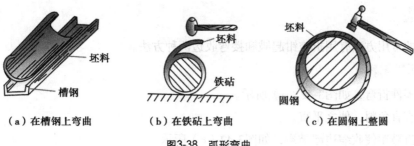

（a）在槽钢上弯曲　　　（b）在铁砧上弯曲　　　（c）在圆钢上整圆

图3-38　弧形弯曲

3.复杂形状工件的弯曲

如图3-39所示，用垫铁和手锤配合进行弯曲。一手持垫铁在工件背面垫托，垫铁的边缘要对准弯折线；另一手持手锤从正面弯折线处敲击，边敲击、边移动垫铁，循序渐进，使工件边缘逐渐形成弯曲。

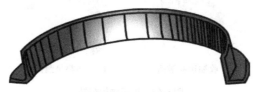

图3-39　复杂形状工件的弯曲

二、放边

通过板料变薄而导致角形零件弯曲成形的方法，称为放边，如图3-40所示。

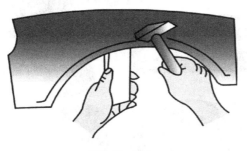

图3-40　放边

打薄放边如图3-41所示。制造凹曲线弯边的零件，可用直角形材料在铁砧或平台上捶放直角料边缘，使边缘材料变薄、面积增大、弯边伸长。捶击时，注意握击力度，使靠近内缘的材料伸长较小，靠近直角料边缘的材料伸长较大，锤痕呈放射状，并均匀分布。这样，直角料就逐渐被捶放成曲线弯边的零件。

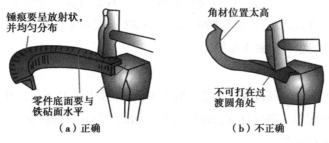

（a）正确　　　　　　　（b）不正确

图3-41　打薄放边

三、收边

收边的常用方法有用折皱钳起皱和搂弯收边两种方法。

1.用折皱钳起皱

①将零件折弯，如图3-42（a）所示。

②校直直角料，使之平直。

③用折皱钳使收缩边起皱褶，如图3-42（b）所示。

④收缩边边缘长度减小，使角料呈圆弧形，如图3-42（c）所示。

⑤放在铁砧上用铁锤敲平，如图3-42（d）所示。

⑥锉削毛边。

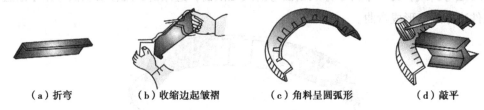

（a）折弯　　　　（b）收缩边起皱褶　　　　（c）角料呈圆弧形　　　　（d）敲平

图3-42　用折皱钳起皱

2.搂弯收边

如图3-43所示，将坯料夹在型胎上，用铝棒顶住毛坯，用木锤敲打顶住部分，使板料弯曲，并逐渐被收缩贴靠胎模。

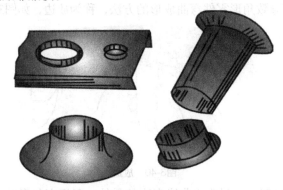

图3-43　搂弯收边

四、拔缘

在板料边缘，利用手工捶击弯曲成弯边的方法，称为拔缘。拔缘主要针对环形板料边缘的弯曲，可分为外拔缘和内拔缘两种形式。如图3-44所示为板料构件的拔缘情况。拔缘的方法可分为自由拔缘和型胎拔缘等。

1.自由拔缘

自由拔缘是利用一般的拔缘工具进行的手工拔缘，如图3-45所示。其方法如下：

①划出拔缘标记线，将板件靠在砧座边缘，标记线与砧座边缘靠齐，板料捶击部位与座平面形成30°左右的夹角。

图3-44　拔缘

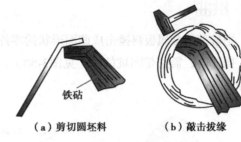

（a）剪切圆坯料　　（b）敲击拔缘

图3-45　自由拔缘

②捶击伸出部分，使之拉伸并向外弯曲，敲击时用力适当，敲击均匀，并随时转动构件。若凸缘要求边宽或角度大时，可适当增加敲击次数。

2.圆筒形零件拔缘

①用钢锉锉光板料边缘毛刺，如图3-46所示。

②划出拔缘的标记线。

③将制件靠在平台或砧座的边棱上，标记线和边棱对齐，使伸出部分与砧座的平面保持30°左右的夹角，如图3-47（a）所示。

④在铁砧上用锤子将标注线处敲打成圆角。敲击用力要适当，击点要均匀，以免产生裂纹，如图3-47（b）所示。

⑤打平波纹，使弯边收缩，如图3-47（c）所示。

图3-46　圆筒形零件拔缘

（a）　　　　（b）　　　　（c）

图3-47　圆筒形零件拔缘方法

3.按型胎拔缘

板料在型胎上定位，按型胎拔缘孔进行拔缘，适合制作口径较小的零件拔缘，可一次成形，如图3-48所示。

4.胎型外拔缘

①将拔缘零件固定在胎具上。其固定方法是：首先在坯料的中心焊装一个钢套，以便在胎型上固定坯料拔缘的位置，然后用压板压住零件。

②用氧-乙炔火焰对拔缘零件边缘加热。

③进行拔缘，如图3-49所示。

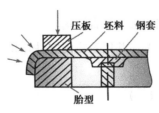

图3-48　按型胎拔缘

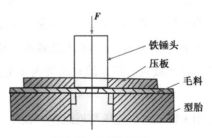

图3-49　胎型外拔缘

五、拱曲

把较薄的金属板料捶击成凹面形状的零件，称为拱曲。

操作时，需用带凹坑的座（见图3-50），将板料对准座凹坑放置，左手持板料，右手捶击。

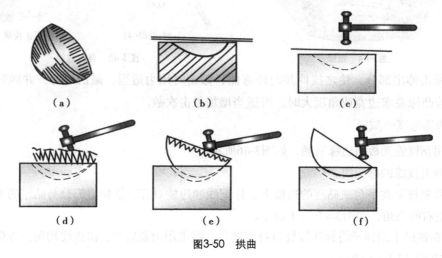

（a）　　　　　　　　（b）　　　　　　　　（c）

（d）　　　　　　　　（e）　　　　　　　　（f）

图3-50　拱曲

六、卷边

卷边是将板件的边缘卷起来。其目的是增强边缘的刚度和强度。卷边可分为夹丝卷边和空心卷边两种，如图3-51所示。

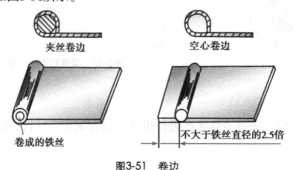

夹丝卷边　　　　　　　空心卷边

卷成的铁丝　　　不大于铁丝直径的2.5倍

图3-51　卷边

1.卷边的操作过程

以图3-52为例，卷边的操作过程说明如下：

①将板料剪切成所需尺寸。

②沿边量出2.5倍铁丝直径距离，并划线。

③将板料按划线弯折成直角（见图3-52（a））。

④用钢丝钳剪一段适当长度的铁丝，用木锤在光滑平板上打直铁丝。

⑤将铁丝放入已折妥的直角边内（见图3-52（b）），并用手钳固定铁丝位置（见图3-52（c））。

⑥用木锤或铆钉锤捶打板缘包住铁丝（见图3-52（d））。

⑦用铆钉锤逐段扣紧成形（见图3-52（e））。

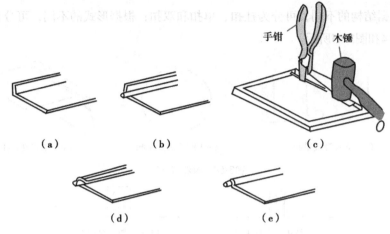

图3-52　卷边操作过程

2.手工卷边

①根据计算出的加工余量，在板料上划出两条卷边线，如图3-53（a）所示。

②将板料放在平台（或方铁、轨道等）上，使其L_2尺寸长度的1／3露出平台，左手压住板料，右手用木锤或方木敲击露出平台部分的边缘，使其向下弯曲成85°~90°，如图3-53（b）所示。

③将板料向平台外伸弯曲，直至平台边缘对准第二次卷边线为止，即使露出平台部分等于L_1，并使第一次敲打的边缘靠上平台，如图3-53（c）、（d）所示。

④将板料翻转，使卷边朝上，轻而均匀地敲打卷边并向里扣，使卷曲部分逐渐成圆弧形，如图3-53（e）所示。

⑤将铁丝放入卷边内，放时首先从一端开始，以防铁丝弹出，并将一端扣好；然后放一段扣一段，全部扣完后，轻轻敲打，使卷边紧靠铁丝，如图3-53（f）所示。

⑥翻转板料，将接口靠住平台的边角，使接口咬紧，如图3-53（g）所示。

⑦手工空心卷边的操作过程与夹丝的一样，只是使卷边与铁丝不要靠得太紧，以便最后把铁丝抽拉出来。

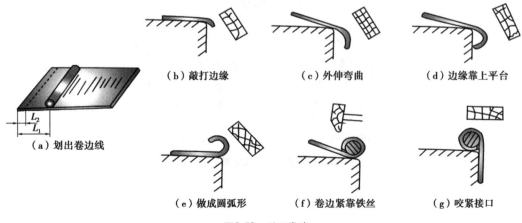

图3-53　手工卷边

七、咬缝

咬缝根据结构的不同，可分为挂扣、单扣和双扣；根据形式的不同，可分为站扣和卧扣，如图3-54和图3-55所示。

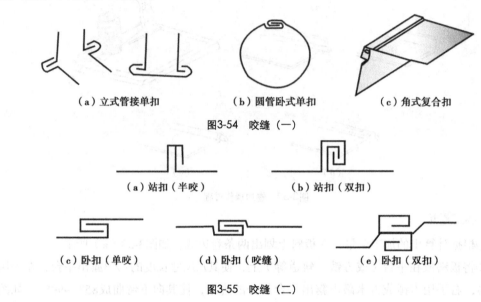

（a）立式管接单扣　　　　（b）圆管卧式单扣　　　　（c）角式复合扣

图3-54　咬缝（一）

（a）站扣（半咬）　　　　　　　　（b）站扣（双扣）

（c）卧扣（单咬）　　　　（d）卧扣（咬缝）　　　　（e）卧扣（双扣）

图3-55　咬缝（二）

八、制筋

在钣金件表面上制出各种凸筋，可提高其刚度和使用性能，增加美感。筋的横截面一般为圆弧形和角形，如图3-56所示。简易的手工制筋方法有用扁冲制筋和用简易模具制筋两种，如图3-57所示。

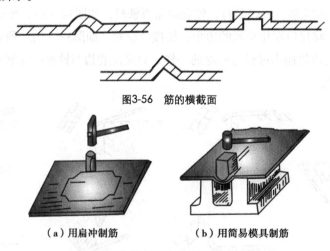

图3-56　筋的横截面

（a）用扁冲制筋　　　　（b）用简易模具制筋

图3-57　简易的手工制筋方法

任务检测

完成下列练习。

（1）弯曲形式有哪些？

（2）放边是什么？

（3）收边是什么？

（4）拔缘是什么？

（5）拱曲是什么？

（6）咬缝是什么？

（7）制筋是什么？

评价与反思

自我评价：

通过本任务的学习，你掌握了哪些知识？

小组评价：

序号	评价项目	评价情况
1	学习态度是否积极、主动	
2	是否服从教学安排	
3	是否达到全勤	
4	着装是否符合要求	
5	是否合理、规范地使用仪器和设备	
6	是否按照安全和规范的规程操作	
7	是否遵守学习、实训场地的规章制度	
8	是否积极、主动地和他人合作、探讨问题	
9	是否能保持学习、实训场地整洁	
10	团结协作情况	

参与评价的学生签名：＿＿＿＿＿＿＿＿ 日期：＿＿＿＿＿＿＿

教师评价：

＿＿＿

＿＿＿

＿＿＿

教师签名：＿＿＿＿＿＿＿＿＿ 日期：＿＿＿＿＿＿＿

任务三　了解钣金件焊接工艺

任务描述

气焊和电焊都是要将焊件材料加热到熔化状态，然后将焊丝（条）熔化滴入待冷却后形成焊缝，将被焊接件焊牢。钎焊则与此不同，钎焊时母材不熔化，采用比母材熔化温度低的钎料，其加热温度低于母材熔点而高于钎料熔点，钎料熔化并填充在焊件衔接处，使被焊材料焊接在一起。汽车修理中，如散热器、汽油箱、装饰钣金、车身缺陷等修理都离不开钎焊。

小提示：钎焊必须借助于焊剂，否则无法焊接成功。

任务目标

- 掌握焊接的原理及适用范围；
- 掌握各种焊接的操作方法；
- 了解焊接的注意事项。

任务实施

一、电弧焊工艺

手工电弧焊是利用手工操纵焊条，用电弧对焊件进行焊接的方法。随着电弧的移动，新的熔池不断产生，原熔池中熔化的液态金属逐步冷却结晶后便形成焊缝，两焊件被焊接在一起。

1.引弧方法

- 直击法：将焊条垂直于焊件进行碰触，然后迅速将焊条提起并与焊件保持3～4 mm的距离，即可产生电弧。这种引弧方法大多用在焊接处地方狭窄或焊件表面不允许有擦伤的情况下，如图3-58（a）所示。

- 划擦法：将焊条在焊件上轻轻划擦一下（划擦长度约为20 mm），然后与焊件保持3～4 mm的距离，即可产生电弧，如图3-58（b）所示。

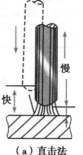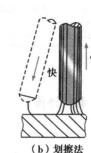

（a）直击法　　（b）划擦法

图3-58　引弧方法

2.焊条运动方向

- 直线形运条法：不作横向摆动，适用于板厚为3～5 mm且不开坡口的对接平焊、多层焊的第一层和多层多道焊，如图3-59（a）所示。

- 直线往复运条法：焊条末端沿焊缝纵向作来回直线摆动的运条方法，如图3-59（b）所示。

- 锯齿形运条法：焊条末端作锯齿形连续摆动的前移运动，并在两边转折点处稍停片刻的运条方法，如图3-59（c）所示。

- 月牙形运条法：焊条末端作月牙形左右连续摆动的前移运动，并在两边转折点处稍停片刻的运条方法，如图3-59（d）所示。
- 三角形运条法：分为正三角形运条法和斜三角形运条法，如图3-59（e）所示。
- 环形运条法：分为正环形运条法和斜环形运条法，如图3-59（f）所示。

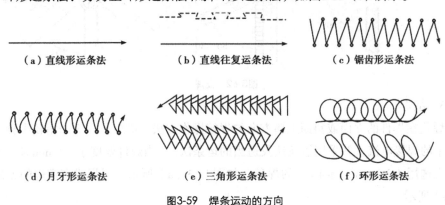

（a）直线形运条法　　　　（b）直线往复运条法　　　　（c）锯齿形运条法

（d）月牙形运条法　　　　（e）三角形运条法　　　　（f）环形运条法

图3-59　焊条运动的方向

3.焊接位置

（1）平焊

平焊可分为平对接焊和平角接焊。

焊件厚度小于6 mm时，通常采用不开坡口的平对接焊。此时，宜用直径$\phi 3 \sim \phi 4$ mm焊条进行短弧焊接，并使熔池深度达到板厚的2/3，焊缝宽度达到5~8 mm，施焊运条方法为直线形；当焊件厚度大于6 mm时，则应采用开坡口的平对接焊，分为多层焊或多层多道焊，如图3-60所示。

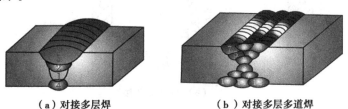

（a）对接多层焊　　　　　　（b）对接多层多道焊

图3-60　平焊

平角接焊主要是指T形接头和搭接接头的焊接。这两种焊接方法相似。平角接焊通常用$\phi 3 \sim \phi 5$ mm的焊条。焊条角度如图3-61所示。

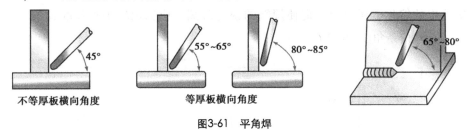

不等厚板横向角度　　　　等厚板横向角度

图3-61　平角焊

（2）立焊

立焊的熔池处于垂直面上。施焊方法有两种：一种由下而上施焊；另一种由上而下施焊。一般采用前者。立焊时，焊条的角度如图3-62所示。同时，宜选用较小直径和较大电流短弧焊接，多采用直线往复形运条法和三角形运条法，并一个台阶一个台阶地往上堆积。

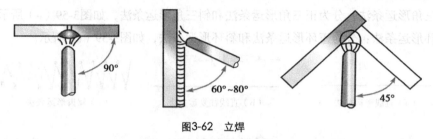

图3-62　立焊

（3）横焊

横焊是在焊件的立面或斜面上横方向的焊接操作方法。横焊时，应选用较小直径的焊条和较小的焊接电流，并采用短弧法及适当的运条法。 当焊件厚度小于5 mm时，可不开坡口，宜选用ϕ3.2 mm或ϕ4 mm的焊条，如图3-63（a）所示。层焊或多道焊的方法如图3-63（b）所示。

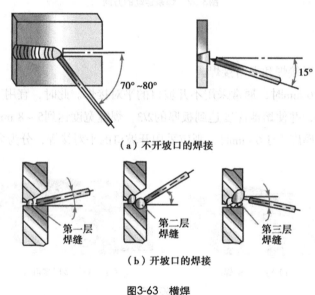

（a）不开坡口的焊接

第一层焊缝　　第二层焊缝　　第三层焊缝

（b）开坡口的焊接

图3-63　横焊

（4）仰焊

仰焊时，应采用尽可能短的电弧，以使熔滴在很短的时间立即过渡到熔池中，很快与熔池中的熔化金属熔合，促使焊缝的快速凝固。应选用较小直径的焊条，一般为ϕ3～ϕ4mm。焊条角度如图3-64所示。

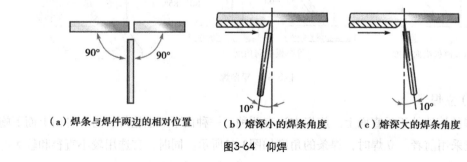

（a）焊条与焊件两边的相对位置　　（b）熔深小的焊条角度　　（c）熔深大的焊条角度

图3-64　仰焊

4.手工电弧焊焊接安全操作

①钣金工夜间从事焊接工作时，需用电灯照明，电灯使用的安全电压是36 V。对于潮湿的环境，人体电阻减小，规定使用电压为12 V。因此，凡在金属容器或管道中焊接均应采用12 V电压。

②焊接过程的注意事项：

a.焊接前，应戴好面罩、皮手套、绝缘鞋，检查焊接设备和工具是否安全。

b.在狭窄地方焊接时，要穿好绝缘鞋，并要两个操作者轮换工作，一人随时监护操作者，遇有危险征象时，立即切断电源进行处理。

c.加强个人防护。高空作业时，不要触及高压线；雨天不要露天焊接。

③焊接卫生的防护措施：

a.通风设施是消除焊接尘土的危害和改善劳动条件的有力措施。其作用是使作业地带的空气环境符合卫生条件，故应确保通风设施正常工作。

b.在厂房内施焊，必须保证在焊接过程中所产生的有害物质能及时排出，并原则上进行净化处理。

c.电弧焊时，必须使用有防护玻璃的面罩，不随便更换滤光玻璃，穿白色工作服，以反射强光照射。

5.加强板与车架的电弧焊焊接

①制作加强板。要求加强板的材质和厚度均应与车架一致或相近，沿长度方向的两端应处理成如图3-65所示的非垂直边的形状，以防止车架在加强板两端处产生应力集中。

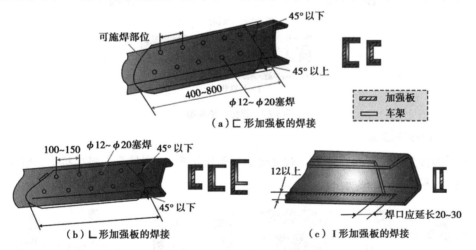

图3-65 加强板与车架的电弧焊焊接

②选择车架纵梁的适当部位，焊接各种类型的加强板，以防止车架断裂。

③加强板与车架的焊接主要反映在腹板上。除了塞焊以外，加强板腹板的两端也要分段施焊。一般禁止在车架翼面板上施焊。

④加强板的位置放好并确认其与车架贴合紧密后，即可由中间部位起逐一向两端施焊。

⑤塞焊操作应从孔的边缘开始，随后将焊条旋向孔的中央。

⑥焊后用锤清除焊缝表面的药皮，并以敲击的方式消除材料应力，并对各焊点、焊道的质量进行检查。

二、气焊工艺

气焊是利用可燃气体与助燃气体混合燃烧所释放的热量作热源进行金属材料的焊接。目前，应用最普通的是乙炔气和氧气混合燃烧。气焊设备如图3-66所示。

图3-66 气焊设备

1.焊接火焰的种类

• 中性焰：如图3-67（a）所示，焰心呈尖锥形，色蓝白而亮，轮廓清楚，外焰呈淡橘红色。

• 碳化焰：如图3-67（b）所示，焰心呈蓝白色，外周包着一层淡蓝色的火焰，轮廓不清楚，外焰呈橘红色，伴有黑烟。

• 氧化焰：如图3-67（c）所示，焰心呈淡蓝色，内焰已看不清了，焊接时会发出急剧的"嗖嗖"声。

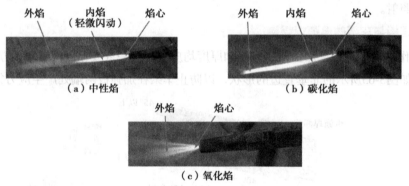

（a）中性焰   （b）碳化焰

（c）氧化焰

图3-67 焊接火焰种类

2.气焊的接头形式

气焊的接头形式有卷边接头、对接接头、角接接头、T形接头、搭接接头、管子接头及法兰接头等，如图3-68所示。

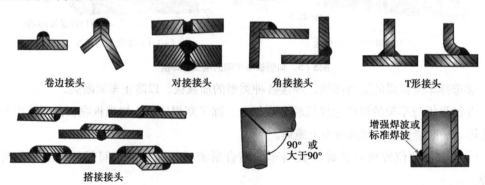

卷边接头   对接接头   角接接头   T形接头

搭接接头

图3-68 气焊的接头形式

3.焊接方向

• 右向焊法：右向焊时，焊炬指向已完成的焊缝。焊接过程自左向右，焊炬在焊丝前面移动，如图3-69所示。

• 左向焊法：左向焊时，焊炬指向待焊部位，焊接过程自右向左，焊炬在焊丝后面移动，如图3-70所示。

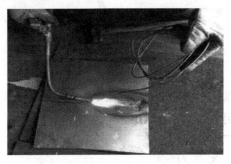

图3-69 右向焊法

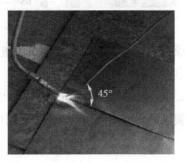

图3-70 左向焊法

4.焊接位置

（1）平焊

如图3-71所示，焊接开始时，焊炬与焊件的角度可大些。随着焊接过程的进行，则焊炬与焊件的角度可减小些。焊丝与焊炬的夹角应保持在90°左右。

（2）立焊

如图3-72所示，火焰能量较平焊小些。严格控制熔池温度，向上倾斜与焊件构成60°角，以借助火焰气流的吹力托住熔池，不使熔化金属下淌。

图3-71 焊接位置

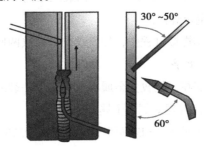

图3-72 立焊

（3）横焊

如图3-73所示，使用较小的火焰能量控制熔池的温度。

（4）仰焊

如图3-74所示，使用较小的火焰能量，严格控制熔池温度和面积，利于熔化金属快速凝固。

5.气焊焊接技术在车身中的应用

①用气焊修复车身钣金件时，应选用HO-06型焊炬配以3号焊嘴，使用直径为$\phi2 \sim \phi2.5$ mm的低碳钢焊丝，火焰调整为中性焰。

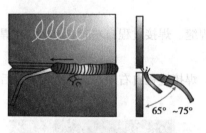

图3-73 横焊

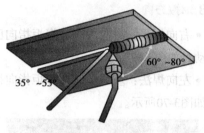

图3-74 仰焊

②施焊前，将裂纹变形的金属板复位、对齐。

③焊接。

a.如果是通长裂纹，先将端部固定焊上一点。对裂纹的焊接遵循"由内向外"的原则，即从裂纹的止点起焊，逐渐将焊道引向裂纹的另一端。操作顺序和要领如图3-75所示。

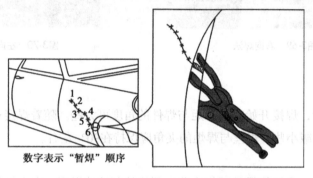

数字表示"暂焊"顺序

图3-75 操作顺序和要领

b.当裂纹较短时，可沿裂纹走向一次焊到边缘。当裂纹较长时，也应按50 mm的间距先行定位焊接。

④焊接过程中，如发现构件裂纹两侧的金属板件错位，应借助锤子、垫铁等工具将其敲平、理齐。

⑤在一块较大金属板上焊接单一裂缝时，可用湿布或湿棉纱等围住焊缝后再施工，防止氧-乙炔焊对周围金属产生热影响。

⑥对强度和表面平整度要求都较高的部位，可采用如图3-76所示的焊接方法。

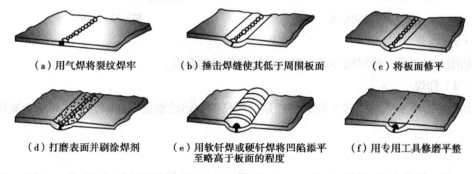

（a）用气焊将裂纹焊牢　　　（b）捶击焊缝使其低于周围板面　　　（c）将板面修平

（d）打磨表面并刷涂焊剂　　（e）用软钎焊或硬钎焊将凹陷添平　　（f）用专用工具修磨平整
　　　　　　　　　　　　　　　至略高于板面的程度

图3-76 强度和表面平整度要求高

⑦焊接修补后在焊缝的内侧垫上垫铁，用平锤沿焊缝轻轻敲击一遍，以消除焊接造成的残余内应力。

三、二氧化碳气体保护焊工艺

现在国内多数汽车修理厂采用的是半自动二氧化碳气体保护焊机，如图3-77所示。焊机的焊丝送给和CO_2气体的输送都是自动进行的，而沿焊缝的施焊则是手工操作的。它可使用$\phi 0.6$ mm$\sim\phi 0.8$ mm和$\phi 10$ mm直径的焊丝，对厚度在$\phi 0.8$ mm$\sim\phi 0.4$ mm的工件（低碳钢、低合金钢和不锈钢等）进行空间全位置的对焊、搭焊、角焊等，并能对铸铁进行补焊。

图3-77　半自动二氧化碳气体保护焊机

1.CO_2气体保护焊焊接工艺参数

CO_2气体保护焊焊接工艺参数见表3-1。

表3-1　CO_2气体保护焊焊接工艺参数

参数名称	选择依据	选择方法
焊丝直径	焊丝直径可根据焊件厚度、焊缝空间位置和生产率等要求选择	当对平焊位置进行中厚板焊接时，可采用$\phi 1.6$ mm的焊丝；当对薄板或中厚板进行立、横、仰焊时，多采用$\phi 1.6$ mm以下的焊丝
焊接电流	焊接电流可根据焊件厚度、焊丝直径、焊缝空间位置和所要求的熔滴过渡形式来选择	用$\phi 0.8$ mm$\sim\phi 1.8$ mm的焊丝，短路过渡焊接时，焊接电流在50~230 A
电弧电压	电弧电压必须与焊接电流配合恰当。当电弧电压增大，则焊缝宽度相应增大，加强高和熔深减小；反之，当电弧电压减小，则焊缝宽度相应减小	在短路过渡焊接时，电弧电压在16~25 V；在采用$\phi 1.2$ mm$\sim\phi 3.0$ mm的焊丝进行粗滴过渡焊接时，电弧电压可在25~44 V选择
焊接速度	随着焊接速度的加快，焊缝的宽度、加强高和熔深相应地减小；反之，焊接速度减慢	半自动焊的焊接速度在15~30 m/h；自动焊的焊接速度可稍快些，一般不超过40 m/h
焊丝伸出长度	焊丝伸出长度是指焊接时焊丝伸出导电嘴的长度	焊丝伸出长度取决于焊丝直径。一般焊丝伸出长度约等于焊丝直径的10倍为宜
CO_2气体流量	CO_2气体流量应根据焊接电流、焊接速度、焊丝伸出长度及喷嘴直径来选择	当细丝CO_2气体焊时，CO_2气体流量为5~15 L/min；当粗丝CO_2气体焊时，CO_2气体流量为15~25 L/min
电源极性	直流反接与直流正接相比较，直流反接具有电弧稳定、飞溅少、熔深大的特点	为了保证CO_2气体保护焊的焊接质量，一般采用直流反接法，即焊件接负极，焊枪接正极
回路电感	焊接回路中的电感应根据焊丝直径、焊接电流和电弧电压来选择	当使用$\phi 0.6$ mm$\sim\phi 1.2$ mm细丝时，电感值为0.01~0.16 mH；当使用$\phi 1.6$ mm$\sim\phi 2$ mm粗丝时，电感值为0.3~0.7 mH

2.CO₂气体保护焊操作要领

（1）引弧

由于弧焊电源的空载电压低，又是光焊丝。因此，在引弧时，电弧稳定燃烧点不易建立，引弧变得较困难，往往造成焊丝成段爆断。

（2）熄弧

收弧时，应在弧坑处稍作滞留，然后慢慢地抬起焊枪，直至填满弧坑为止，同时可使熔池金属在未凝固前仍受到气体的保护。

（3）左向焊法

采用左向焊法时，能清楚地看到接缝，不易焊偏，且能获得较大的熔深，焊缝成形较平整、美观。

（4）右向焊法

采用右向焊法时，熔池可见度及气体保护效果较好，但焊接不便观察接缝的间隙，容易焊偏。

（5）焊接位置

CO₂气体保护焊焊接位置有平焊、横焊、立焊及仰焊4种，如图3-78所示。

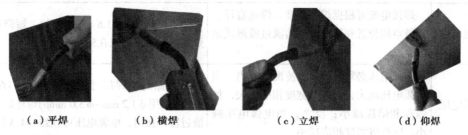

（a）平焊　　　　（b）横焊　　　　（c）立焊　　　　（d）仰焊

图3-78　焊接位置

3.焊接形式

CO₂气体保护焊焊接形式有6种，如图3-79所示。

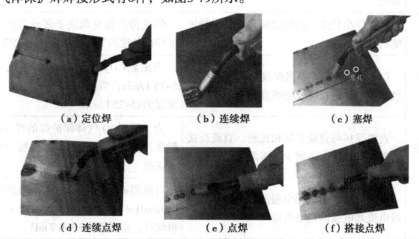

（a）定位焊　　　　（b）连续焊　　　　（c）塞焊

（d）连续点焊　　　　（e）点焊　　　　（f）搭接点焊

图3-79　CO₂气体保护的6种形式

• 定位焊：实际上是临时点焊，是用于保持两焊件相对位置固定不变的一种替代措施，如图3-80所示。

● 连续焊：是指焊枪连续、稳定地沿焊缝移动而形成连续焊缝的焊接形式，如图3-81所示。

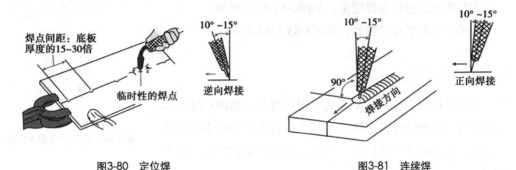

图3-80　定位焊　　　　　　　　　　　图3-81　连续焊

● 塞焊：两块金属板叠在一起，在其中一块板上有通孔，将电弧穿过此孔，被熔化金属所填满而形成的焊点，称为塞焊，如图3-82所示。

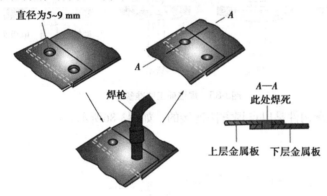

图3-82　塞焊

● 点焊：送丝定时脉冲被触发时，将电弧引入被焊的两块金属板，使其局部熔化的焊接形式。

4.CO_2气体保护焊技术在车身中的应用

①用工具撬动底板，使接缝对平齐，如图3-83（a）所示。

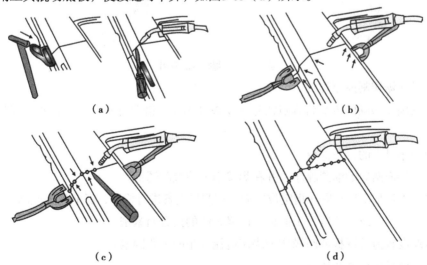

（a）　　　　　　　　　　　　　　（b）

（c）　　　　　　　　　　　　　　（d）

图3-83　CO_2气体保护焊技术在车身中的应用

②用夹子夹持工件，并在关键点上进行标记，准备点焊定位，如图3-83（b）所示。

③对关键点进行点焊定位，如图3-83（c）所示。

④用工具调整对缝接焊，如图3-83（d）所示。

四、点焊工艺

点焊操作常用设备为挤压式电阻点焊机，如图3-84所示。在焊接前，应把焊件表面整平。尽管不消除这种间隙也能进行焊接，但因焊点面积变小，易造成焊接强度不足，如图3-85所示。

图3-84　挤压式电阻点焊机

正确　　　错误　　　错误

图3-85　焊接前工件准备工作

前车身悬架支承构件是以点焊方法连接的，如图3-86所示。

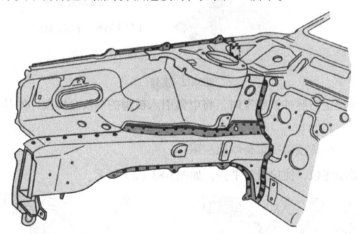

图3-86　点焊技术的应用

①用风动锯切割掉原焊点。

②用钻削或磨削的方法将焊点清除并使焊件剥离，借助撬板等工具将残留部分从车身上拆下。

③整理车身上的接口部分。

④将焊接面两边的油漆除净，并在焊接面上涂敷防锈剂。

⑤将新板件牢牢地夹紧在指定位置后，用测量设备进行检测，保证位置准确。

⑥保证两片（或两片以上）嵌板或凸缘之间的接合面紧密。

⑦以厚度较薄的嵌板或凸缘作为决定电流大小的主要因素。

⑧调整电极夹臂接触压力。

⑨调整焊接电流的大小。

⑩选择点焊顺序。

⑪开始焊接。

任务检测

完成下列练习。

（1）电焊的定义是什么？

（2）电弧焊有哪些种类？

（3）气焊的定义是什么？

（4）CO_2保护焊是如何操作的？

（5）点焊工艺的应用有哪些？

评价与反思

自我评价：

通过本任务的学习，你掌握了哪些知识？

小组评价：

序号	评价项目	评价情况
1	学习态度是否积极、主动	
2	是否服从教学安排	
3	是否达到全勤	
4	着装是否符合要求	
5	是否合理、规范地使用仪器和设备	
6	是否按照安全和规范的规程操作	
7	是否遵守学习、实训场地的规章制度	
8	是否积极、主动地和他人合作、探讨问题	
9	是否能保持学习、实训场地整洁	
10	团结协作情况	

参与评价的学生签名：_____ 日期：_____

教师评价：

_____

_____

_____

教师签名：_____ 日期：_____

项目四 轿车车身检验、测量与矫正

项目综述

汽车车身结构按形式不同，主要分为非承载式和承载式两种。非承载式车身的汽车有刚性车架，又称底盘大梁架。车身本体悬置于车架上，用弹性元件联接。车架的振动通过弹性元件传到车身上，大部分振动被减弱或消除，发生碰撞时车架能吸收大部分冲击力。承载式车身的大梁和车身焊接成一体，承载发动机、底盘等所有设备的质量。非承载式车身的大梁（包括横梁和纵梁）用来承载发动机、底盘等所有设备的质量。车身矫正是指通过一定的外力将因事故损坏或疲劳损坏的部位修复到车辆出厂时的技术标准状态的过程。

任务一　掌握车身检验方法

任务描述

　　本任务主要讲述车身的基本结构及其受力情况，并对汽车车身受损的程度进行分析，为后期的车身钣金修复制订计划。

任务目标

- 了解汽车车身的基本结构和类型；
- 能对汽车车架进行受力分析；
- 能对汽车受损车身进行分析。

任务实施

一、车架和车身

　　汽车车架一般是车身的一部分。载货汽车多采用等边大梁结构，如图4-1所示。轿车车架多采用无梁式结构，如图4-2所示。等边大梁结构的前后梁的中间车室两侧（侧梁）与增强扭矩框架相联接，从而使行驶时由路面传来的冲击与扭力被底架吸收和缓冲。

图4-1　等边大梁式车架

图4-2　无梁式车架

二、汽车车身受损情况的分析

1.汽车车身受力与操作分析

如图4-3所示为前侧中间处受外力所造成的损伤。前方受力或右侧端部受力，外力从左右罩板向前架安装处附近传播；受力方向与车辆中心线成一定角度，外力分两个分力向车身各部分传播，因而罩板根部和前窗侧柱受损；车身中央处受到垂直方向外力作用，通常应检查前窗侧柱上下安装处，侧窗中柱上下安装处，侧窗后柱变形情况，以及车顶和顶框的变形等。

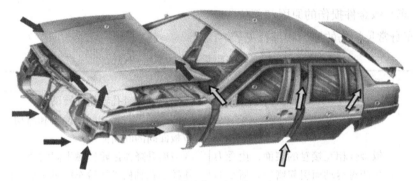

图4-3　汽车车身受力分析示意图

2.车架损坏形式

车架的损坏可分为5种不同的形式，即歪斜、边梁下垂、弯皱、菱形及扭曲损坏，如图4-4所示。

（1）控制点

车身、车架检验矫正时，常用到4个控制点，即前横梁、前围板横梁、后车门横梁及车身后横梁，如图4-5所示。

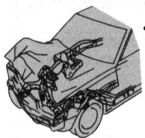

●弯皱：当车架受到一个很大的冲击时，边梁会在其他区域或控制点发生弯曲变形。弯皱损坏一般发生在前横梁之后或后轴上部的车架区域。在发生弯皱损坏时，边梁下部产生折痕，而下垂折痕在上部产生

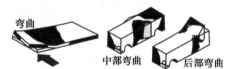

●歪斜：碰撞时，车架的前部、中部或后边梁会向左或向右弯曲，发生歪斜损坏

●边梁下垂：当左右边梁受到冲击时，产生了弯曲变形，导致边梁下垂。发动机和车身的质量也迫使边梁下垂。当出现下垂现象时，车架边梁上的折痕一般处于边梁上部

●扭曲损坏：一般发生在承受很大载荷的车架受到撞击的情况下，这种碰撞使得车架发生翻转，边梁扭曲，超出了水平面

●菱形损坏：当汽车的边梁的角部受到猛烈撞击时，边梁后移。结果造成边梁和横梁之间的角度产生变化，引起车架或车身歪斜，使其形成一个接近平行四边形的形状。这种破坏常被称为菱形损坏

图4-4　车架损坏形式

前横梁　前围板横梁　后车门横梁　车身后横梁

图4-5　车身车架矫正的控制点

（2）车身钣金件损伤的原因和部位

轿车车身常见损伤的原因和部位见表4-1。

表4-1　轿车车身常见损伤的原因和部位

形　式	原　　因	部　　位
磨损	钣金件相互接触的表面，由受力产生相对运动而引起磨损。所受的作用力越大，作用时间越长，材质表面硬度越低，则磨损越严重	①车身各铰链孔轴间的转动处 ②门锁锁舌与锁扣间的撞击和滑动。锁舌台肩限位板间的间断撞击 ③玻璃升降器齿轮接触齿间的滑动 ④铰链孔轴松旷导致车门下沉后，门下表面与门框的摩擦 ⑤发动机罩下表面与散热器上表面及翼板上表面的振动接触和相对错动摩擦等 ⑥各钣金件螺栓松动后的螺栓孔磨损，造成孔径增大
腐蚀表层产生锈斑，涂膜起泡剥落	①金属表面积有泥水，发生氧化反应而引起锈蚀 ②焊修后，未经防锈处理而引起锈蚀 ③接触化学药品而发生化学腐蚀	①驾驶室后围下裙部夹层 ②各车门内外板下部底槽 ③各车门与门框之间的缝隙处 ④钣金件保护涂膜剥落或表面磷化处理层损坏处
裂纹和断裂	①钣金件在制作成形或焊接过程中，产生内应力 ②汽车行驶时，因车身不断振动使钣金件承受交变载荷 ③汽车急加速、紧急制动和转急弯时，使车身承受惯性力、离心力的作用 ④汽车通过路况差的路面时，各钣金件承受扭转力的作用	①翼子板固定支架点焊处和固定螺栓孔周围 ②车门内板前侧与加固板点焊处等存在焊接应力，易发生脱焊和焊点处板撕裂 ③车门铰链附近板剪口处 ④翼子板内外侧边缘 ⑤钣金件弯折、折边和狭窄部位 ⑥驾驶室与车架连接部位 ⑦各门框前、后下角 ⑧螺栓孔磨损严重处
皱褶和凹凸	钣金件板受到撞击或挤压会引起机械损伤	散热器罩、发动机罩前端、左右翼板的前端外侧以及车门外板
弯曲和扭曲	①车身受撞和挤压 ②汽车行驶振动的交变载荷 ③急加速、紧急制动、急转弯的惯性力 ④路况差的路面使车身扭转等	①骨架和支架远离固定点的部位，如门框框架 ②翼子板及其支架、发动机罩的侧缘 ③天窗盖框架及覆盖板 ④行李舱盖侧缘 ⑤侧窗框架

车架是否扭斜，一般通过测量车架对角线来加以判断，为保证前后桥轴线平行，必须使固定在车架上的各个钢板座销孔的中心前后、左右距离合适。车架如因交通事故造成变形，一般用肉眼即可看出。但弯曲变形较小的车架，就要用拉线、直尺、角尺等工具来检测其平直度和垂直度。纵梁的平直度与垂直度影响着车架的强度和有关总成的安装。平直度可用拉线的方法检测，车架上平面最大弯曲应不超过5 mm。垂直度可用角尺检测，垂直度最大离缝不应超过0.5 mm；纵梁侧面弯曲可用直尺检测，当最大弯曲超过5 mm时，即应进行校正。车架变形检验方法如图4-6所示，把测量杆悬挂在车架主要基准尺寸测量点下（图中所示各点），通过测量杆的中心上下或左右扭转变形状况来检查。

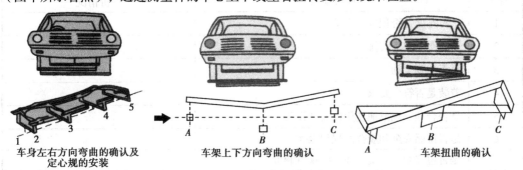

车身左右方向弯曲的确认及　　　　车架上下方向弯曲的确认　　　　车架扭曲的确认
定心规的安装

图4-6 车架变形检验

当车架纵、横梁局部产生不大的弯曲时，可在车架装合的情况下，利用移动式液压机校正；采取两端用链条锁住，中间用千斤顶顶出的方法校正。

车架如有严重的弯曲和扭曲时，应拆散车架校平，并分别对纵、横梁按样板要求进行校正，然后重新铆合。用铆钉铆合困难时，可用特制螺钉代用紧固。车架经重新铆合后，如果弯曲、歪扭超过极限，应进行校正。当主架总的情况良好，仅个别部位有较小的变形时，可直接在车架上校正。如果车架损坏严重，则应将车架部分拆解校正。车架的校正应采用特制机具或在压力机上进行，对车架的校正一般施行冷压校正的方法。这样可以避免影响车架的机械强度。对于弯曲较大，用冷压方法不易校正的硬伤，可辅以局部加热，加热范围应尽量减少，温度不应超过700 ℃。校正完毕后必须缓慢冷却，否则将会使材料的脆性增加。

车架校正后，应对车架上的铆钉进行检查，以防在校正时铆钉产生松动。

车架变形检验方法如图4-6所示。把测量杆悬挂在车架主要基准尺寸测量点下（图中所示的各点），通过测量杆的中心上下或左右扭转变形状况来检查。

任务检测

请完成下列题目的填空。

（1）车架的损坏可分为_____、下垂、_____、呈菱形及扭曲。

（2）车身、车架检验矫正时，常用到4个控制点，即前横梁、_____、后车门横梁及车身后横梁。

（3）车架变形检验方法是把测量杆悬挂在车架主要基准尺寸测量点下，通过测量杆的中心上下或左右_____变形状况来检查。

评价与反思

自我评价：

通过本任务的学习，你应如何进行汽车受损情况的分析？

小组评价：

序号	评价项目	评价情况
1	学习态度是否积极、主动	
2	是否服从教学安排	
3	是否达到全勤	
4	着装是否符合要求	
5	是否合理、规范地使用仪器和设备	
6	是否按照安全和规范的规程操作	
7	是否遵守学习、实训场地的规章制度	
8	是否积极、主动地和他人合作、探讨问题	
9	是否能保持学习、实训场地整洁	
10	团结协作情况	

参与评价的学生签名：_____ 日期：_____

教师评价：

_____

_____

_____

教师签名：_____ 日期：_____

任务二　掌握车身测量方法

任务描述

汽车车身在因外力的作用而受损后其结构尺寸都会有一定的变化。因此，在对其进行修复前，应对汽车车身受损情况进行测量，为下一步的修复工作作铺垫。

任务目标

- 掌握汽车结构的基本参数；
- 掌握汽车车身的测量方法。

任务实施

一、车身尺寸

1.汽车的基本尺寸

汽车的基本尺寸包含长、宽、高。顾名思义，所谓的长、宽、高，就是一部汽车的外形尺寸，通常使用的单位是毫米（mm）。

车身长度定义为：汽车长度方向两个极端点间的距离，即从车前保险杠最凸出的位置量起，到车后保险杠最凸出的位置，这两点之间的距离。

车身宽度定义为：汽车宽度方向两个极端点间的距离，也就是车身左右最凸出位置之间的距离。根据业界通用的规则，车身宽度是不包含左右后视镜伸出的宽度，即为后视镜折叠后的宽度。

车身高度定义为：从地面算起，到汽车最高点的距离。所谓最高点，也就是车身顶部最高的位置，但不包括车顶天线的长度。购车前，不妨了解一些汽车的基本知识。

轴距：简单来说，汽车的轴距是同侧相邻前后两个车轮的中心点之间的距离，即从前轮中心点到后轮中心点之间的距离，就是前轮轴与后轮轴之间的距离，简称轴距，单位为毫米（mm）。

2.汽车的测量基准

车身尺寸测量基准面及基准中线如图4-7所示。

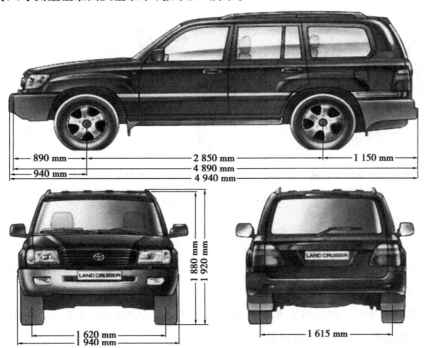

图4-7　车身尺寸测量

基准点是车身尺寸手册中确定承载式车身尺寸所用的点、螺栓、孔等。基准点间的距离可用杆规或卷尺进行测量，如图4-8所示。

如果将量脚插入测孔内，可直接得出孔的中心距

图4-8　基准点距离测量

二、汽车车身测量工具

1.车架自定心规

碰撞破坏经常出现在控制点。在冲击力作用下，通常两个车架边梁同时出现变形。但当车辆侧面撞击时，可能只有直接撞击边梁出现变形。当控制点处没有横梁时，这些点可称为某区域，如前围板区域和后车门区域。

每个车架自定心规是一个自定心单元，如图4-9（a）所示。每个测量腿的端部上各有一个可滑动的销子，无论边梁是箱形结构，还是槽形结构，都可方便地与车架边梁的内外侧相接触。

检查车架的歪斜、下垂、弯皱及扭曲破坏的程度时，测量仪器的安装方法如图4-9（b）所示。

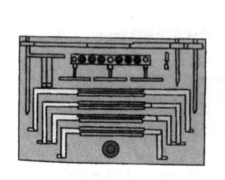

（a）测量工具及自定心规

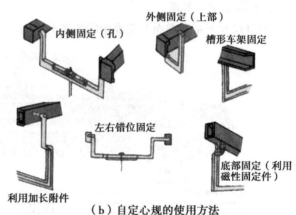

（b）自定心规的使用方法

图4-9　自定心规及使用

2.麦弗逊撑杆式测量仪

许多车辆均采用麦弗逊式悬架。为了检查车辆前部零部件的中心线和位置，通常采用撑杆式自定心测量仪。它能非常精确地测量滑柱座位置和其他前部零部件的位置，如图4-10（a）所示。

测量宽度尺寸时，将仪器安装在上横臂和轨道上（见图4-10（b）），将下横臂中心线的瞄准销瞄准第二和第三号仪器的中心瞄准销。

从车架上的特定点到基准线的垂直方向的尺寸在图上给出了。当检查基准线时，仪器应安装在或吊在图上所示的车架垂直测量位置，如图4-11所示。

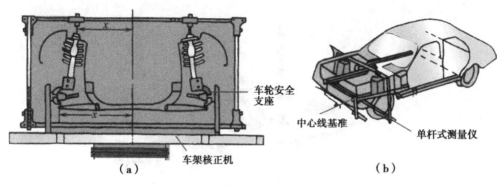

（a）　　　　　　　　　　　　　　　　（b）

车轮安全支座

车架核正机

中心线基准

单杆式测量仪

图4-10　麦弗逊撑杆式测量仪

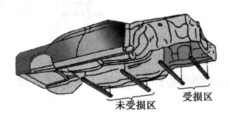

未受损区　　受损区

图4-11　车架垂直测量位置

3.轮距的测量

车架修理完毕和轮胎定位后，应检查轮距是否合适。轮距也就意味着后轮在一个平行的位置上跟随前轮的轨迹。检查轮距时，首先对一侧的前后轮间距进行测量，然后再测量另一侧，将测量值进行对比，如图4-12和图4-13所示。

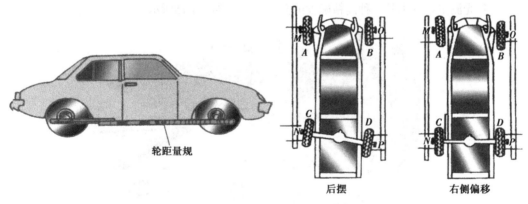

轮距量规

后摆　　　　　　右侧偏移

图4-12　轮距的测量（一）　　　　　　图4-13　轮距的测量（二）

4.高级车身、车架测量设备

如图4-14所示的车身车架测量矫正系统是一种高精确度的仪器系统。车体校正机又称大梁校正仪，是用于对因碰撞等原因而损坏、变形的汽车车身进行矫正修复的汽车修理设备。

车体校正机工安全操作规程如下：

①车体校正机应安置在人少、较安全的地方。操作前，应先空车试撑，调整压力。

②操作时，应根据工件的材料性能及冷热情况，适当地加压撑直，防止工件断裂飞击伤人。

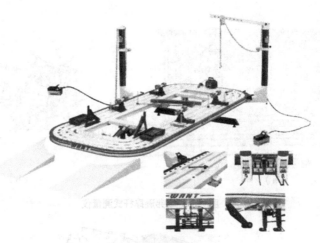

图4-14 车身矫正仪

③操作时，应先将工件顶牢。校正机的两侧禁止站人。

④按开关时，应听从校正师傅指挥，互相配合，协调一致，禁止用手去指点被校正的部位。

⑤工件推进撑直校正机时，手要放在工件外操作，防止压伤手指。

⑥两人以上搬长工件时，要密切配合、步调一致、同起同落，然后慢慢放下，不准扔。

⑦推工件进入撑直校正机时，不要将手放在下面，防止被滚筒轧伤。

⑧工件撑直后向前推进时，要注意周围人员，防止撞伤。

激光测量系统也是一种高精确度的测量系统，如图4-15所示。

图4-15 激光测量系统

三、礼仪杆规测量车身尺寸的方法

1.车身前段的测量

在检查前部车身尺寸时，用杆规测量的最好部位就是悬架和机械部件的固定点，它们对正确定位非常重要，如图4-16所示。

图4-16 车身前段的测量

2.车身侧围的测量

如图4-17所示，通过观察车门在打开和关闭时的外观及不正常现象，可判断车身侧围结构是否变形。

图4-17 车身侧围的测量

这种测量方法适用于下述情况：没有发动机室和车厢底部的尺寸，车身尺寸图上没有适用的数据，如图4-18（a）所示。对角线比较测量法并不适用于车身左右两侧都发生损伤变形情况下的检查，也不适用于扭曲的情况，因为这时测不出左右对角线的差异，如图4-18（b）和图4-18（c）所示。如果左右侧变形一样，则左右两侧对角线的差异并不明显，如图4-18（d）所示。测量并比较左右长度，可更清楚地了解损伤状况，这种方法适用于左右侧对称的部位，如图4-18（e）所示。

3.车身后段的测量

通过观察行李箱盖在打开和关闭时的外观及不正常现象，可初步判断车身后段是否变形，如图4-19所示。考虑其变形的位置及漏水的可能性，因此，必须进行准确的测量。

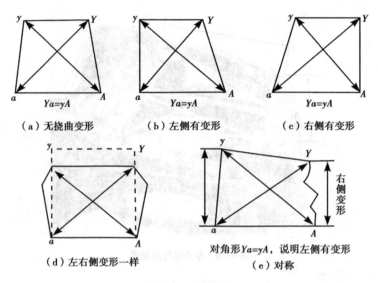

（a）无挠曲变形　　　（b）左侧有变形　　　（c）右侧有变形

（d）左右侧变形一样　　　　　（e）对称

图4-18　车身测量

图4-19　车身后段的测量

4.用量规诊断各种损伤变形的方法

（1）扭曲变形

扭曲变形是最后出现的变形，因此，应首先进行检测。扭曲是车身的一种总体变形，故只能在车身中段测量，因为在前段或后段的其他变形会导致扭曲变形的测量数据不准确。为了检测扭曲变形，首先必须悬挂两个基准自定心规，它们也称2号（前中）规和3号（后中）规。2号规应尽量靠近车体中段的前端，3号规应尽量靠近车体中段的后端。然后相对于3号规观测2号规，如果两规平等，则说明没有扭曲变形；否则，说明可能有扭曲变形。

当中段内的两个基准规不平行时，应再挂一个量规。应走到未出现损伤变形的车身段上，把1号或4号（后）自定心规挂上。当存在真正的扭曲变形时，各量规将呈现如图4-20所示的情形。

（2）压缩变形

压缩变形应用杆规来检测。当车身段或梁比原来尺寸短时，应存在这种变形。用杆规检测各种压缩变形如图4-21所示。

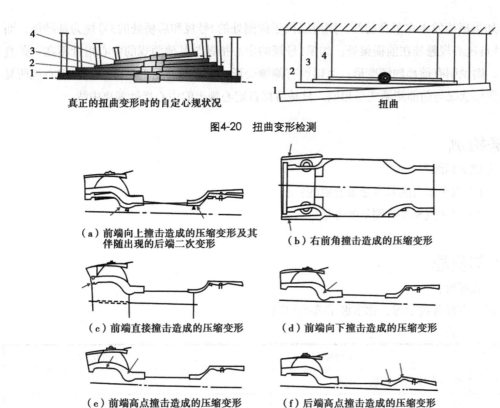

图4-20 扭曲变形检测

真正的扭曲变形时的自定心规状况 扭曲

（a）前端向上撞击造成的压缩变形及其
伴随出现的后端二次变形

（b）右前角撞击造成的压缩变形

（c）前端直接撞击造成的压缩变形

（d）前端向下撞击造成的压缩变形

（e）前端高点撞击造成的压缩变形

（f）后端高点撞击造成的压缩变形

图4-21 压缩变形检测

（3）下陷变形

下陷变形是指前围部位发生低于正常位置的一种变形。检测下陷变形需要使用3个自定心规，第一个放在前横梁处，第二个置于前围处，第三个放在后轮轴处。如果3个自定心规互相平行，而且对中，但中间一个位置较低，说明前围附近有下陷变形，如图4-22所示。

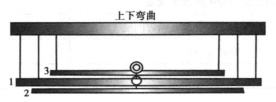

上下弯曲

图4-22 下陷变形检测

（4）侧倾变形

当车身前段、中段或后段发生侧向变形时，就存在侧倾变形。如图4-23所示，检测侧倾变形需要使用3个自定心规。

图4-23 侧倾变形检测

如果碰撞发生在车身前部，则应以位于前围处的2号规和后桥处的3号规为基准规，而把1号自定心规悬挂在前横梁处。如果1号规的中心指针与其他两规的中心指针不在一条直线上，则说明有前部侧倾变形，否则没有侧倾变形；如果车身后部被撞，则自定心规所显示的变形状况与前部侧倾变形相似，只是后部自定心规上的中心指针偏离中线。

任务检测

完成下列练习。

（1）汽车车身的基本参数有哪些？

（2）简述汽车车身测量的方法。

评价与反思

自我评价：

通过本任务的学习，你掌握了哪些知识？

小组评价：

序号	评价项目	评价情况
1	学习态度是否积极、主动	
2	是否服从教学安排	
3	是否达到全勤	
4	着装是否符合要求	
5	是否合理、规范地使用仪器和设备	
6	是否按照安全和规范的规程操作	
7	是否遵守学习、实训场地的规章制度	
8	是否积极、主动地和他人合作、探讨问题	
9	是否能保持学习、实训场地整洁	
10	团结协作情况	

参与评价的学生签名： _____ 日期： _____

教师评价：

_____

_____

_____

教师签名： _____ 日期： _____

任务三 掌握矫正设备与车身碰撞修复方法

任务描述

随着汽车技术的发展和车身制造中新材料、新工艺的应用，设备工具逐渐成为企业提高汽车碰撞修复质量、提高生产率、降低劳动强度和合理进行保险索赔的必备之选。

任务目标

- 了解汽车矫正设备及碰撞修复理念；
- 掌握汽车碰撞修复工艺。

任务实施

一、矫正设备与车身修复

1.汽车碰撞修复理念

传统意义上的汽车碰撞修复，只是简单将碰撞受损变形的车身固定后，用加热、机械拉伸的方式进行维修，然后再靠锤子等简单工具调整和修复车身钢板、车门和立柱等的间隙和形状，最后靠泥子、原子灰以及修补漆恢复原貌。车身测量与矫正如图4-24所示。

图4-24 汽车碰撞修复

2.车身修复设备

根据汽车碰撞修复的工艺流程，目前该类设备工具大致可分为车身大梁矫正系统（见图4-25）、车身整形设备、焊接设备、车身测量系统及相关附件。

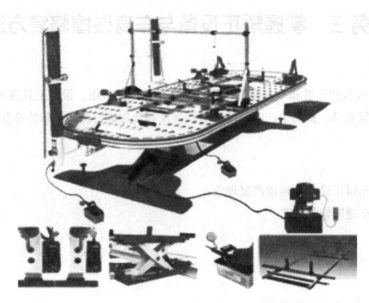

图4-25　车身修复设备

二、碰撞修复工艺

汽车科技含量在逐步提高，用户对维修质量的要求也越来越高，这就要求技术人员在碰撞修复过程中制订合理的工艺流程。

①进行充分的修复准备。

②进行诊断测量，如图4-26所示。

③车身安装固定。

④拉伸整形及部件的拆卸、修理和更换。确定了车身结构的损伤程度并完全弄清损伤区域之后，就可进行拉伸整形。

图4-26　碰撞修复工艺

任务检测

完成下列练习。

（1）根据汽车碰撞修复的工艺流程，目前该类设备工具大致可分为车身大梁矫正系统、_____、焊接设备、_____及相关附件。

（2）简述汽车碰撞修复的工艺流程。

评价与反思

自我评价：

通过本任务的学习，你掌握了哪些知识？

小组评价：

序号	评价项目	评价情况
1	学习态度是否积极、主动	
2	是否服从教学安排	
3	是否达到全勤	
4	着装是否符合要求	
5	是否合理、规范地使用仪器和设备	
6	是否按照安全和规范的规程操作	
7	是否遵守学习、实训场地的规章制度	
8	是否积极、主动地和他人合作、探讨问题	
9	是否能保持学习、实训场地整洁	
10	团结协作情况	

参与评价的学生签名：_____ 日期：_____

教师评价：

_____

_____

_____

教师签名：_____ 日期：_____

项目五 典型轿车车身及板件损伤的维修

项目综述

当前，随着中国经济建设的快速发展，人民生活水平的普遍提高，汽车正以前所未有的步伐迈进普通百姓的家庭，尤其是中国成功加入世界贸易组织（WTO）后，我国汽车价格普遍降低，这样就对我国私家车的消费起到了刺激作用。据专家预测，在未来的几年，我国的汽车拥有量将以每年20%的速度增长。在汽车数量增加的同时，驾驶员的增多，再加上我国城市道路的拥挤，使交通事故增多。与此同时，为了适应汽车燃油的经济性和环保性的要求，降低汽车制造成本以及能让汽车普及，汽车制造企业开始使用薄钢板和合金材料。因此，车身板件损伤修复技术的工作愈显重要。由此给车身修复工作提出了更高的要求。钣金修复不只是为了恢复外形，更重要的是尽最大的努力使整个车身壳体恢复到损伤前的状态，以保证修复过的汽车不因车身修复而出现"二次事故"。所有这些必须应用先进的设备进行规范作业，严把质量关，以满足车身维修作业高标准、高质量的要求。

任务一 掌握车身维修作业技术

任务描述

本任务主要讲解如何根据车身板件的损伤情况来判断板件是否需要换新或切换，以及板件换新或切换的作业方法。

任务目标

- 知道车身的常见损伤形式；
- 了解钣金件拆卸后的处理方法；
- 能判断板件是需要替换还是矫正；
- 了解钣金件的替换作业方法。

任务实施

一、车身损伤的常见形式

汽车车身的损坏主要有车身疲劳或自然损坏和人为或事故损坏两种形式。

1.车身疲劳或自然损坏

随着使用年限的增加和运行里程的延续，一辆新车也会逐渐变成旧车。这主要是因道路不平引起的汽车振动、汽车发动机本身引起的自身振动等原因，使汽车车身底板或某些部位产生变形或裂纹，引起整个车身变形，车门下沉，门间隙过大，以及车门不能关严等。行驶时，汽车钣金件的振动，以及各部分连接件脱焊和裂开形成汽车车身振动噪声。

2.人为或事故损坏

因汽车行驶速度快，加速性能好，往往会发生人为或事故损坏。撞车和翻车是汽车车身损坏的一个重要原因。撞车表现为几种不同形式，有两车相撞、多车挤在一起互相碰撞；撞击其他物体而损坏，表现为撞在树上、电线杆上、墙上或翻在沟里等，如图5-1所示。

图5-1　人为导致的车身损坏

二、车身常见的损坏程度

常见车身的损坏程度分为以下5种：

• 轻微损伤：汽车前灯和前灯附近撞坏，油漆表面刮伤、擦伤或油漆脱落。

• 轻度损坏：汽车前脸损坏和车灯损坏，前翼子板损坏，或汽车车身某个部位发生较小的损坏。汽车运行中，如发生意外事故，无论撞车轻重，均会造成汽车车身轻度损伤，如钣金轻度变形和油漆损坏。

• 中等损坏：包括汽车前脸损坏、前翼子板损坏、发动机罩损坏、前挡风玻璃损坏和前围支柱损坏、后翼子板损坏、行李箱盖损坏、车门损坏及车门支柱损坏。

• 严重损坏：包括汽车前脸损坏，发动机罩损坏，前后翼子板损坏，以及车门、后摆、行李箱盖等处发生的损坏，甚至汽车顶盖和车身底板发生的损坏，汽车的前舱、中部和后部发生的变形。汽车发生较严重意外事故时，往往伴有汽车车身的严重损坏，如图5-2所示。

图5-2　车身严重损坏

• 翻车和严重撞车损坏：发生严重撞车或意外翻车事故时，在造成乘员伤亡事故的同时，汽车车身也发生严重损坏，整车发生严重变形。

三、车身钣金件的换新与切换

汽车车身是由各钣金件通过铆接、螺栓联接、焊接等方法组成的一个整体。

1.切割部位的选择

①切割部位尽可能选择在构件与构件之间的结合处。

②对全承载式轿车而言，切割部位须避开车身设置的挤压区（如发动机舱、行李舱等）、悬架安装位置、尺寸参照基准孔、发动机和传动安装位置等。

③切割部位应避开构件加强板的支承点，如加强腹板、加强底盘等。

④切割部位应避开应力集中部位，并使构件切换后不造成新的附加内应力，如切割线不能选在两构件垂直交接处等。

⑤切割部位应兼顾切换作业的难易程度，如是否便于切割，以及需拆装的相关零件多少与难易程度等。

2.车身钣金件的切割方法

对接缝质量无严格要求的部位，如车身底板横梁、车架、骨架等，可选用氧—乙炔火焰进行切割，如图5-3所示。

图5-3　氧-乙炔火焰切割

3.钣金件拆卸后的处理

①当钣金件采用焊点或铜焊方法连接时，用角向砂轮磨光机磨去接口部位残留的焊接斑点。

②用钢丝刷、砂布等清除接口周围的铁锈、油漆保护层等。

③用手锤和垫铁配合，矫正接口边缘的弯曲、翘曲和皱叠等缺陷。

④对车身一侧钣金件同样进行上述处理，并进行检测、矫正和防锈处理。

4.钣金件的更换

（1）换新件的准备

用风动锯或砂轮切割机对换新钣金件进行粗切割。切割时，换新件接口处尺寸应比车身接口处尺寸大19~25 mm。还可用报废车辆上的未损伤部位作为替代件，但须检查其腐蚀情况。若已锈蚀，则不能再用。

对用点焊方法连接的换新件，应去除换新件两面点焊部位的油漆层。

（2）换新件的固定方法

当换新件在车身上定位时，为防止换新件错位和移动，新换件的定位可用手虎钳、大力钳、临时点焊等方法。若不能使用夹钳固定，则可采用自攻螺钉固定，待焊接后，再拆自攻螺钉，并将螺钉孔用点焊填满。

四、车身钣金件替换的作业方法

车身钣金件的结构、位置各不相同，因此，钣金件替换作业存在明显差异。现以承载式轿车车身的典型钣金件替换为例说明相应的作业方法。

1.门立柱、车架纵梁的替换作业

（1）钣金件的连接形式

• 对接：有不带嵌入板和带嵌入板两种形式。不带嵌入板的对接主要应用于车身外蒙

皮的局部替换（见图5-4）；带嵌入板的对接（见图5-5）主要应用于管形件。

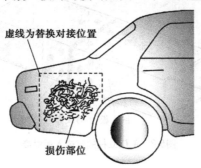

图5-4　车身外蒙皮的局部替换

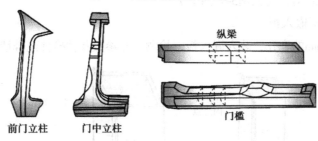

图5-5　带嵌入板的对接

• 偏置式对接：主要用于前门立柱、门中立柱和车架前纵梁的连接，如图5-6所示。

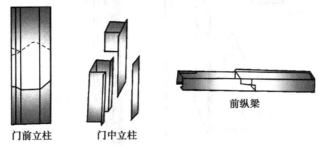

图5-6　偏置式对接

• 搭接：常用于车架后纵梁、车厢地板、行李舱地板及门中立柱的连接，如图5-7所示。

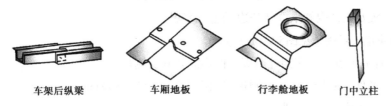

图5-7　搭接

（2）门立柱的替换作业

• 前门立柱的替换作业

通常前门立柱在底部、顶部或同时予以加强，切割部位应选在立柱的中部。

当采用带嵌入板的对接方式时，先安装好嵌入板进行塞焊，在两连接截面间留与板材厚度相当的间隙，再用对接焊接把立柱连接成封闭状。如图5-8所示为前门立柱的带嵌入板对接。

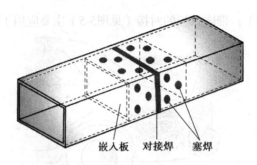

图5-8 前门立柱的带嵌入板对接

• 门中立柱的替换作业

①采用带嵌入板对接（见图5-9（a））

a.制作一个槽形嵌入板。

b.钻直径为8 mm的塞孔，装入嵌入板，检测尺寸参数及替换件配合情况。

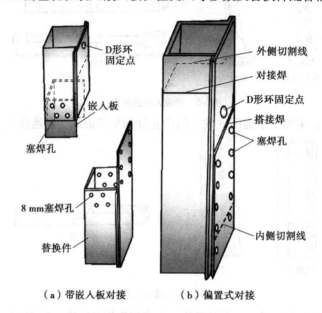

（a）带嵌入板对接　　　（b）偏置式对接

图5-9 门中立柱的对接方式

c.对嵌入板及立柱内侧重叠部分边缘进行塞焊。

②采用偏置式对接（见图5-9（b））

a.在D形环固定点上方切割外侧板，但不能切到内侧板。

b.切割替换件，使替换件的内侧板与门中立柱重叠50~100 mm。

（3）车架纵梁的替换作业

轿车的前后纵梁有两种不同的封闭形式，即管形和槽形。如图5-10所示为轿车车架纵梁的截面形式。

管形的纵梁截面大多采用带嵌入物的对接形式，替换方法与前门立柱的带嵌入板对接类似。但要注意切割部位不能选在挤压区（如前悬架的前端、后悬架的后端），也不能选在梁上的孔和加强腹部位。轿车车架槽形纵梁的替换如图5-11所示。

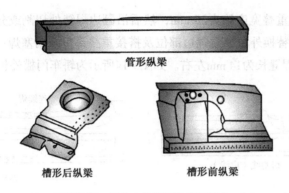

图5-10　轿车车架纵梁的截面形式

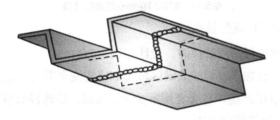

图5-11　轿车车架槽形纵梁的替换

2.门槛的替换

根据车型的不同，门槛的结构采用两片、三片甚至四片的结构设计。其截面形式如图5-12所示。

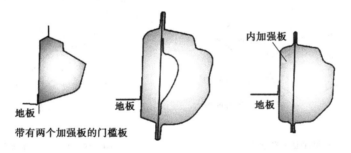

图5-12　轿车门槛板的截面形式

替换门槛应采用带嵌入板对接或搭接。对带门中立柱的门槛替换，须同时切割门中立柱。

（1）带嵌入板对接

首先直切门槛的横截面，根据门槛的具体结构，沿长度方向把嵌入板切成2～4段，去除翻边，将它塞入门槛的内腔；然后待嵌入板定位后，钻塞焊孔，将嵌入板与门槛进行塞焊。带嵌入板对接的门槛替换方法如图5-13所示。

（2）门槛的搭接

这种方法常用于门槛内板未受损、仅需替换外板的场合。首先在门立柱周围进行切

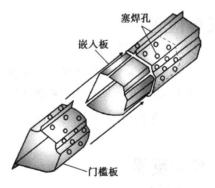

图5-13　带嵌入板对接的门槛替换方法

割，并留出重叠区，重叠宽度约为25 mm；然后沿翻边焊缝处切割或分离焊点，将门槛外板与门槛分离。定位替换外板，对翻边部位及搭接重叠部位采用塞焊；搭接边缘采用断续焊，每40 mm的间距焊缝长为14 mm左右。如图5-14所示为轿车门槛外板的搭接替换。

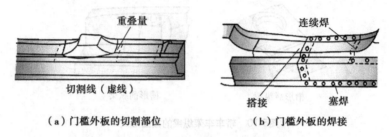

（a）门槛外板的切割部位　　　　（b）门槛外板的焊接

图5-14　轿车门槛外板的搭接替换

3.车厢地板及行李舱地板的替换作业

车厢地板及行李舱地板切割替换时，应注意以下3点：

①切割部位不能选在加强腹板或关键区域（如座椅安全带的固定点）。

②替换时，采用搭接连接，重叠宽度不少于25 mm，后地板必须放在前地板的上方。如图5-15所示为车厢地板的搭接方法。

③行李舱地板靠近后悬架处有一横梁，切割地板时，应选在后横梁凸缘处。焊接时，把新地板搭接在横梁上，从上到下进行塞焊。如图5-16所示为行李舱地板替换作业。

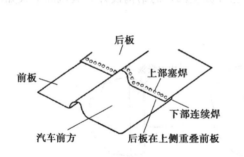

图5-15　车厢地板的搭接方法

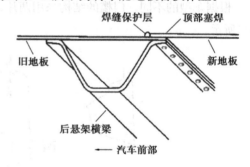

图5-16　行李舱地板替换作业

任务检测

完成下列练习。

（1）简述钣金件拆卸后的处理方法。

（2）钣金件的连接形式有哪几种？

（3）轿车的前后纵梁有哪两种不同的封闭形式？

评价与反思

自我评价：

通过本任务的学习，你掌握了哪些知识？

小组评价：

序号	评价项目	评价情况
1	学习态度是否积极、主动	
2	是否服从教学安排	
3	是否达到全勤	
4	着装是否符合要求	
5	是否合理、规范地使用仪器和设备	
6	是否按照安全和规范的规程操作	
7	是否遵守学习、实训场地的规章制度	
8	是否积极、主动地和他人合作、探讨问题	
9	是否能保持学习、实训场地整洁	
10	团结协作情况	

参与评价的学生签名：＿＿＿＿＿＿　　日期：＿＿＿＿＿＿

教师评价：

＿＿

＿＿

＿＿

教师签名：＿＿＿＿＿＿＿＿　　日期：＿＿＿＿＿＿＿

任务二　掌握车身撞击损伤的矫正修复方法

任务描述

本任务主要讲解汽车发生撞击事故后车身的不同损伤的判断以及其矫正修复方法。

任务目标

- 了解车辆事故的碰撞类型；
- 熟悉车身撞击损伤的矫正修复步骤。

任务实施

轿车车身的修复以事故性创伤修复为主，通常采用的方法是收缩整形、皱褶展开、撑拉及垫撬复位等。

一、常见的车辆事故碰撞类型

按照碰撞方向和事故所导致的后果，可将车辆事故分为正面碰撞、侧面碰撞、尾部碰撞及翻车等类型。

1.两车正面碰撞

主要受损部位为保险杠面罩及保险杠、格栅、两侧前照灯、空调电磁扇、空调冷凝器、发动机水箱及其支架等，严重时损坏部位会扩大至发动机舱盖、翼子板、纵梁、前悬架机构，甚至导致气囊膨开，如图5-17所示。

图5-17 两车正面碰撞

2.两车正面一侧碰撞

主要受损部位为保险杠面罩及保险杠、格栅、一侧前照灯、一侧翼子板，严重时损坏部位会扩大到空调冷凝器、发动机水箱及其支架、发动机舱盖、一侧纵梁、一侧悬架机构，甚至一侧气囊膨开，如图5-18所示。

图5-18 两车正面一侧碰撞

3.两车正面一侧刮碰

两车均为正面一侧面受损，一侧的后视镜、前后门、前后翼子板刮伤，严重时前挡风玻璃破碎和框架变形，以及一侧包角、前门立柱、前照灯等损坏，如图5-19所示。

图5-19　两车正面一侧刮碰

4.斜角侧面碰撞发动机舱位置

一车为侧面碰撞受损，另一车为前部碰撞受损。侧面受损车辆主要表现为一侧前翼子板、前悬架机构、侧面转向灯等损坏，严重时一侧前翼子板报废，发动机舱盖翘曲变形、前门立柱变形、发动机移位等。前部受损车辆表现为前保险杠面罩及转角部、前翼子板、一侧前照灯等损坏，严重时一侧翼子板将严重损坏，并会导致一侧前悬架、轮胎、空调冷凝器、干燥器、高压管、发动机水箱及其支架等部件受损，甚至气囊膨开、发动机舱盖变形，如图5-20所示。

图5-20　斜角侧面碰撞发动机舱位置

5.两车斜角侧面碰撞前门位置

左车为侧面碰撞受损，右车为前部碰撞受损。左车前门、前柱、中柱、后门轻微变形，门窗玻璃破损，严重时损坏程度会扩大至仪表板、门槛板、车顶板、一侧翼子板及一侧前悬架机构。右车前保险杠面罩及转角部、前翼子板、一侧前照灯等损坏，严重时损坏范围会扩大至空调冷凝器、干燥器、发动机水箱及其支架、高压管、发动机舱盖等部件，甚至气囊膨开，如图5-21所示。

图5-21　两车斜角侧面碰撞前门位置

6.两车斜角侧面碰撞后门位置

一车为侧面碰撞受损，另一车为前部碰撞受损。 A车后门、中柱变形、门窗玻璃破损，严重时前后门不能开启，后侧围变形，以及前后门框、门槛板变形等。B车前保险杠面罩及转角部、前翼子板、一侧前照灯等损坏，严重时损坏范围会扩大至一侧前悬架、一侧翼子板、空调冷凝器、干燥器、高压管、发动机水箱及其支架、发动机舱盖等部件，甚至气囊膨开，如图5-22所示。

图5-22　两车斜角侧面碰撞后门位置

7.两车斜角侧面碰撞行李箱位置

一车为侧面碰撞受损，另一车为前部碰撞受损。 侧面碰撞车辆后侧围变形，严重时后侧围板严重损坏，后门框、后窗框、后柱、后轮及后悬架等部件受损，以及行李箱盖变形等。前部碰撞车辆前保险杠面罩及转角部、前翼子板、一侧前照灯等损坏，严重时一侧前悬架和一侧翼子板严重损坏，空调冷凝器、干燥器、高压管、发动机水箱及其支架、发动机舱盖等部件受损，甚至气囊膨开，如图5-23所示。

图5-23 两车斜角侧面碰撞行李箱位置

8.两车垂直角度碰撞

一车是侧面受损，另一车是正面受损。侧面受损车辆中柱呈凹陷变形，前后车门框及门槛板变形，前后车门翘曲变形，严重时损坏会扩大至车底板、车顶板，甚至车身整体变形、轴距缩短、门窗玻璃破碎等。正面受损车辆保险杠面罩及保险杠、格栅、两侧前照灯损坏等，严重时损坏范围会扩大至发动机水箱及其支架、空调冷凝器、高压管、发动机舱盖、翼子板、纵梁等，甚至发动机后移、气囊膨开，如图5-24所示。

图5-24 两车垂直角度碰撞

9.两车正面追尾碰撞

一车为后部碰撞受损，另一车为前部碰撞受损。后部受损车后保险杠面罩及保险杠，后车身板、行李箱盖等变形，两侧尾灯损坏，严重时会导致两侧围板变形、行李箱底板变形、后悬架机构位置变形等。前部受损车保险杠面罩及保险杠、格栅、两侧前照灯损坏等，严重时会导致发动机水箱及其支架、空调冷凝器和相关部件损坏，发动机舱盖、翼子板变形，发动机后移，以及纵梁损坏等，如图5-25所示。

图5-25　两车正面追尾碰撞

10.两车正面一侧追尾碰撞

一车是尾部一侧受损，另一车是前部一侧受损。尾部碰撞车辆尾部一侧保险杠面罩及保险杠、一侧尾灯、侧围板变形，严重时损坏范围会扩大至行李箱盖、行李箱底板等。前部碰撞车辆保险杠面罩及保险杠、格栅、一侧前照灯、翼子板损坏，严重时会导致水箱及其支架、空调冷凝器、发动机舱盖、一侧翼子板及悬架机构损坏，甚至一侧气囊膨开，如图5-26所示。

图5-26　两车正面一侧追尾碰撞

11.翻车，汽车顶部全面触地

易造成车身整体变形，局部严重损坏。顶板横梁、纵梁变形、顶板塌陷、车身前柱、中柱、后柱均会变形，翻滚过程中可能会造成车身侧面损坏，如车门、翼子板、后侧围板等，严重时会使整体车身变形，如图5-27所示。

图5-27 翻车，汽车顶部全面触地

12.汽车正面与面积较大的物体碰撞

碰撞面积较大，损坏程度相对小一些。保险杠面罩及保险杠、格栅、两侧翼子板轻微变形，严重时两侧翼子板会严重变形，前照灯、空调冷凝器、发动机水箱及其支架、发动机舱盖，甚至车门、风挡玻璃、纵梁会损坏，气囊会膨开，如图5-28所示。

图5-28 汽车正面与面积较大的物体碰撞

13.汽车正面与面积较小的物体碰撞

碰撞面积较小，损坏程度相对大一些。保险杠面罩及保险杠、格栅、空调冷凝器、发动机水箱及其支架、发动机舱盖损坏，严重时两侧翼子板严重变形，前悬架机构，甚至扩大到后悬架机构受损，如图5-29所示。

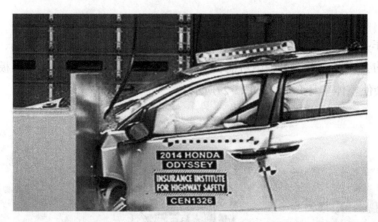

图5-29　汽车正面与面积较小的物体碰撞

除上述情况外，以下5种因素对事故车的损坏程度影响较大：

①事故车辆的结构、大小、形状及质量。

②被撞物体的大小、形状、刚度及速度。

③发生碰撞时的车辆速度。

④碰撞的位置和角度。

⑤事故车辆中的乘员或货物的质量和分布情况。

二、收缩整形

为了使变形的部件恢复到原来的形状，需想办法使伸展的部分收缩。收缩整形的操作过程如下：

①利用焊炬火焰将伸张中心加热至樱红色，但注意不要将板料熔化或烧穿。

②加热后，急速敲击红晕区域的四周，并逐渐向加热点的中心收缩，迫使金属组织收缩。

③如果只收缩一处不能达到整形的目的，可采用同样的方法多点收缩，并伴随每次加热收缩进行敲平校正。

④轻度伸张时，加热后可不需敲击，只用棉纱蘸凉水冷却，或者由其自然冷却。

三、开褶

车身碰撞可能造成冲压板料产生不规则皱褶。修理时，若方便可行，可就车用撑拉法解开皱褶，然后敲平；若不方便或不可行，应将车身解体，在车下修理。开褶的要领是：首先将死褶由里边设法撬开，缓解成活褶，然后加温，用锤敲击活褶的最凸脊之处，逐渐使其展开，恢复原来的形状。

例如，某轿车车身右翼正面撞伤，形成皱褶，可具体采用以下修理方法：

①拆下大灯圈及灯座，用垫铁垫在大灯孔内，使垫铁两端卡住灯孔的弯边。把钢丝绳的一端系在垫铁上，另一端系在合适的柱子上，然后缓慢倒行拖拉，以使死褶得到基本修正。

②卸下翼子板，在工作平台上进行修整。用焊炬加热死褶，用撬具撬开，使其缓解，

并加热一段，撬开一段。

③将翼子板凹面向上置于平台上，从其一侧敲平活褶。敲击时，必须使平台起到垫铁作用。

④将翼子板装在车上，用手锤和垫铁进行全面修整。修灯孔时，先整圆，后整边。

⑤大样修整出来后，对比两侧，将伸张了的部分用加热方法收缩，并进行细致加工，使整个造型达到标准。

四、撑拉复位

如图5-30所示为车身修复常用撑拉工具。液压撑拉器由液压缸产生的压力将柱塞杆推开，因而能将变形板件撑开。另外，还有一种螺旋式撑拉器，丝杆两端分别带有活动挂钩。使用时，如果做撑开整形，可旋转铁管，使两端丝杆同时缩短，一端拉钩固定，另一端拉钩拉动板件伸展。

（a）液压千斤顶　　　　（b）钣金矫正撑拉组合

图5-30 矫正歪斜的专用工具

目前，大多使用移动式或固定式矫正机，如图5-31所示。

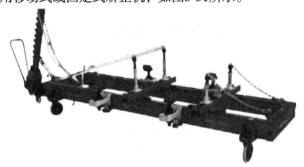

图5-31 移动式矫正机

五、垫撬

根据车辆变形部位和变形程度，利用有效空间，借助邻近部件支承，以杠杆原理进行整形修复。

应用此方法，车身不需解体，因而保持了原车安装质量，并提高工作效率，但使用范围受到限制。越野车后轮胎罩外缘凹陷，可借助轮胎的支承作用，在撬杠下放一木块衬垫，将凹陷部分初步撬起，再用手锤、垫铁将折痕和凹凸不平处敲平。

任务检测

完成下列练习。

（1）轿车车身的事故性创伤修复通常有哪几种方法？

（2）本任务讲到了哪些专用设备？

（3）请说出至少5种常见的汽车事故碰撞类型。

评价与反思

自我评价：

通过本任务的学习，你掌握了哪些知识？

小组评价：

序号	评价项目	评价情况
1	学习态度是否积极、主动	
2	是否服从教学安排	
3	是否达到全勤	
4	着装是否符合要求	
5	是否合理、规范地使用仪器和设备	
6	是否按照安全和规范的规程操作	
7	是否遵守学习、实训场地的规章制度	
8	是否积极、主动地和他人合作、探讨问题	
9	是否能保持学习、实训场地整洁	
10	团结协作情况	

参与评价的学生签名：＿＿＿＿＿＿＿　日期：＿＿＿＿＿＿＿

教师评价：

＿＿＿＿＿＿＿＿＿＿＿＿＿＿＿＿＿＿＿＿＿＿＿＿＿＿＿＿＿＿＿＿＿＿＿＿＿＿＿

＿＿＿＿＿＿＿＿＿＿＿＿＿＿＿＿＿＿＿＿＿＿＿＿＿＿＿＿＿＿＿＿＿＿＿＿＿＿＿

＿＿＿＿＿＿＿＿＿＿＿＿＿＿＿＿＿＿＿＿＿＿＿＿＿＿＿＿＿＿＿＿＿＿＿＿＿＿＿

教师签名：＿＿＿＿＿＿＿＿　日期：＿＿＿＿＿＿＿

任务三　掌握翼子板的维修方法

任务描述

汽车前后翼子板常常由于汽车追尾或是撞到其他固定物而造成损伤，其损伤往往因受力较大，出现塌陷（凹坑）、不规则的褶皱或塌陷与褶皱同时产生，并产生死褶等。因此，本任务着重讲解翼子板损伤变形的维修方法。

任务目标

- 知道汽车翼子板的常见损伤形式；
- 能对翼子板的侧面碰撞进行修复；
- 会使用钣金整形夹。

任务实施

一、汽车翼子板的定义和分类

翼子板是遮盖车轮的车身外板，因旧式车身该部件形状及位置似鸟翼而得名。按照安装位置，可分为前翼子板和后翼子板。

1.前翼子板

前翼子板安装在前轮处，必须要保证前轮转动及跳动时的最大极限空间。因此，设计者会根据选定的轮胎型号尺寸用"车轮跳动图"来验证翼子板的设计尺寸是否合适，如图5-32所示。

图5-32 汽车前翼子板

2.后翼子板

后翼子板没有车轮转动碰擦的问题，但是出于空气动力学的考虑，后翼子板略显拱形弧线并且向外凸出。

现在有些轿车的翼子板已与车身本体成为一个整体。但有些轿车的翼子板是独立的，尤其是前翼子板，因为前翼子板的碰撞机会较多，独立装配易于整件更换。

二、汽车翼子板的结构

汽车翼子板被配置在车辆的车轮上方，作为车辆侧面侧的外板，并由树脂成形，翼子板由外板部和加强部用树脂形成为一体。其中，外板部露出车辆侧面，加强部沿配置在与外板部邻接的邻接部件里面的外板部的边缘部延伸。同时，沿着外板部的边缘部与所述加强部之间形成有用于配合邻接部件的配合部，如图5-33所示。

图5-33 汽车后翼子板

三、汽车翼子板的作用

翼子板的作用是：在汽车行驶过程中，防止被车轮卷起的砂石、泥浆溅到车厢的底部。因此，要求所使用的材料具有耐气候老化和良好的成形加工性。有些车的前翼子板用有一定弹性的塑性材料做成。塑性材料具有缓冲性，比较安全。桑塔纳轿车左右前轮的上方有两个翼子板，重约1.8 kg，是用增韧改性PP经注射成形而成；重卡斯太尔王的翼子板采用FRP玻璃钢SMC材料制作；斯太尔1491的翼子板则采用PU弹性体制作。今后，采用PA/PP合金注射成形是翼子板一种较为广泛的发展方向。

四、翼子板的修复

汽车前后翼子板被撞常常由汽车追尾或撞到其他固定物而造成损伤，其损伤往往因受力较大，出现塌陷（凹坑）、不规则的褶皱或塌陷与褶皱同时产生，并产生死褶等。维修时，必须设法将褶皱展开平整。若条件允许，可用撑拉法解开褶皱，然后再敲平；若条件不允许，需分解拆除后，在车下展开褶皱进行平整修复。如图5-34所示为右后翼子板侧面撞击示意图。

1.翼子板正面碰撞的修复

①拆下大灯圈及灯座等，将垫铁垫于大灯孔内，使垫铁两端卡住灯孔的弯边。
②把钢丝索的一端系在扁铁上，另一端系在墙柱上或某个合适的建筑体上。
③倒车自行拖拉，使皱褶逐渐打开，但个别的小死褶未缓解，如图5-35所示。

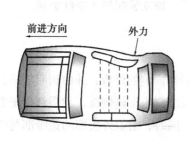

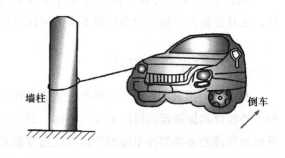

图5-34 右后翼子板侧面撞击示意图   图5-35 用简易方法展开皱褶

④卸下翼子板，在平台上进行修整。说明：用氧-乙炔火焰对死褶进行加热，并用撬具撬开，加热一段撬开一段，使其缓解。

⑤将翼子板凹面向上置于平台上，由翼子板里侧敲平活褶，边敲边转动翼子板，如图5-36所示。

⑥将里侧基本敲平的翼子板翻转过来，即凸面向上，用垫铁垫在里侧，由外向里继续敲击，最终使皱褶完全展开，如图5-37所示。

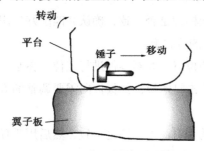

图5-36　凹面向上用垫铁垫着敲击

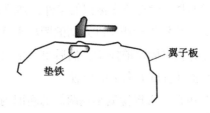

图5-37　凸面向上垫铁垫着敲击

⑦两面均敲平后，将翼子板装在车上，用手锤和垫铁进行一次全面修整，如图5-36所示。

2.翼子板侧面碰撞的修复

①首先用一根木棒从车轮与翼子板的空隙处伸进，用力往外撬，即可将凹坑大体上顶出来，趋于原状。

②用垫铁在里面顶住向外凸出的较小部分，再用手锤在外表面处敲击凸出的部分。

③用锤边敲击、边移动，垫铁也同时移动。

④翼子板的边缘处应用专用的垫铁在里边垫托，垫铁的边缘要对准弯折线，一手持锤从正面弯折线外缘敲击，如图5-38所示。

⑤逐渐移动垫铁，循序渐进，使工件边缘逐渐恢复原形，直到全部平整。

3.用钣金整形夹修复翼子板

钣金整形夹是一种较为先进的汽车钣金修理工具。其结构简单，使用方便，如图5-39所示。

①利用千斤顶将车顶起，然后拆下车轮与车灯，除去翼子板里边的灰尘与污泥。

②在翼子板凹陷处背面垫好沙包，用木锤将表面大致敲平。敲击时要缓和，以免将钢板敲胀而发生变形，并且应从凹陷部位的周边向中心敲击。

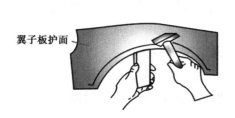

图5-38　后翼子板侧面撞击修复方法

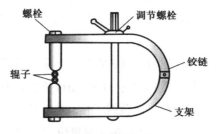

图5-39　钣金整形夹

③选择适当的辊轮装于整形夹上，再将整形夹装于汽车翼子板的被撞部位，并调整调节螺栓，在辊子之间施以轻微的压力。用整形夹作均匀的反复滚压，以压平凹陷部位。观察被撞部位是否滚压平整，再用手触摸，如仍有不平之处，再继续滚压，直至压平。

④整平翼子板后，即可卸下整形夹，装上车轮、车灯等附件，然后进行表面喷漆工序，最后将喷涂后的翼子板安装于车体上。

4.前翼子板内加强板总成、前横梁和散热器支座的安装

①检查前翼子板内加强板与纵梁安装面的装配标记是否一致，确认并匹配好后用夹钳将它们夹紧。没有装配标记的零件，则放在旧零件的位置上。

②利用杆规检测基准点间的距离来确定零件的位置，并对零件进行定位。在某一位置用定位焊临时固定前横梁，然后垫上木块，用锤子击打木块，使板件向需要调整的方向移动，调整其长度方向上的位置。

③用自定心规检测车辆两侧的新旧内加强板的相对高度，使之一致，然后用千斤顶支承住新的内加强板，以确保其高度位置不发生变化，如图5-40所示。

④测量宽度和下对角线长度，仍用千斤顶支承住新板件，以免高度位置发生变化。

⑤仔细确定前横梁的位置，使其左右两端均匀一致。

⑥当定纵梁的位置尺寸与尺寸图表中所注尺寸一致后将它固定。悬架横梁也可用夹具来安装。

⑦确保内加强板的上部尺寸不发生变化，可通过检查所划标线是否产生了移位来确认。

⑧检测翼子板后安装孔与悬架座孔或翼子板前安装孔之间的对角线长度。

⑨测量在宽度方向上悬架座和前翼子板螺栓孔之间的尺寸，然后把它们固定在一起。如果其宽度方向上的尺寸与车身尺寸手册中所标注的尺寸不一致，则需进行微量调整，同时要注意对角线的变化，如图5-41所示。

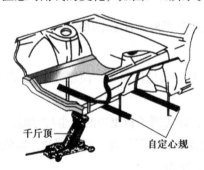

图5-40 检测、调整高度位置

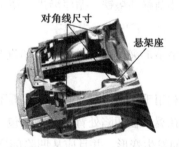

图5-41 测量悬架座和翼子板之间的尺寸

⑩测量纵梁在宽度方向上的尺寸，将杆规调至适当尺寸，并根据需要调整内加强板，如图5-42所示。

⑪用夹钳较松地固定住下支座，然后用手轻轻拍打使其到位。

⑫测量散热器支座的对角线长度，确保这两个尺寸一致，如图5-43所示。

⑬临时性安装前翼子板，然后检查它与车门之间的位置关系。如果缝隙不合适，其原因可能是内加强板或纵梁高度位置不准确。

⑭在焊接前，可按上述方法检测一遍，再次验证所有的尺寸。

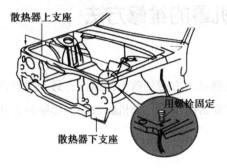
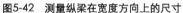

图5-42 测量纵梁在宽度方向上的尺寸

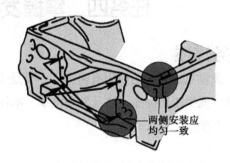

图5-43 测量散热器支座的对角线长度

任务检测

完成下列练习。

（1）什么是汽车的翼子板？

（2）汽车翼子板的作用是什么？

（3）钣金整形夹的作用是什么？

评价与反思

自我评价：

通过本任务的学习，你掌握了哪些知识？

小组评价：

序号	评价项目	评价情况
1	学习态度是否积极、主动	
2	是否服从教学安排	
3	是否达到全勤	
4	着装是否符合要求	
5	是否合理、规范地使用仪器和设备	
6	是否按照安全和规范的规程操作	
7	是否遵守学习、实训场地的规章制度	
8	是否积极、主动地和他人合作、探讨问题	
9	是否能保持学习、实训场地整洁	
10	团结协作情况	

参与评价的学生签名：_____ 日期：_____

教师评价：

_____

_____

_____

教师签名：_____ 日期：_____

任务四 掌握发动机罩的维修方法

任务描述

发动机罩碰伤的原因有两类：一类是受到重物从上方意外落下的撞击；另一类是汽车肇事，发生正面碰撞，波及发动机罩。本任务主要讲解汽车发动机舱盖的变形维修方法及注意事项。

任务目标

- 知道发动机罩的常见损伤形式；
- 了解发动机罩变形后修复的方法；
- 能判断发动机罩是需要替换还是矫正。

任务实施

一、重物从上方落下使发动机罩产生损伤的修复方法

用顶撬法的修复步骤如下：

①当外板出现凹陷时，在内板的相应处，挖出一个或几个孔洞。

②用撬棍或木棒将其从里面顶出，趋于平整。

③再用锤子在表面外板上轻轻敲击，直至整平。

④修平外板后，将内板挖出的孔洞补全。

⑤敲平锉修。

二、正面撞击使发动机罩损伤的修复方法

步骤1：拆卸。

拆卸原则：首先用旋具松开两个铰链上的紧固螺钉，便可卸下发动机罩总成；再将其放在工作台上，逐一拆掉附件，如图5-44所示。

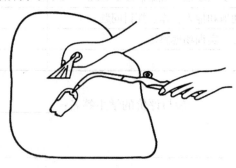

图5-44 用火焰加热刮掉隔热板

步骤2：将内板、外板分离。

分离方法：首先用专用撬具将外板的包边撬开，使其与内板边缘逐渐分离出一定的角度。

步骤3：平整凹陷部位。

平整方法：将外板表面朝下，里面朝上，放在平台上，用木锤先将塌陷的大坑顶出，如图5-45所示。

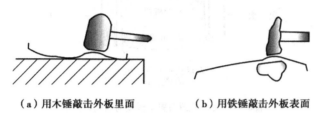

（a）用木锤敲击外板里面　　　（b）用铁锤敲击外板表面

图5-45　外板的修复

步骤4：矫平整个工件。

矫平方法：采用错位敲击法对发动机罩进行最后修复。左手持垫铁，抵在最低部位；右手持锤敲击附近的凸出部位，如图5-46所示。

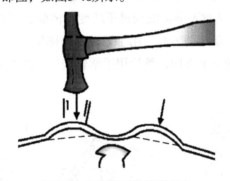

图5-46　用铁锤和垫铁错位敲击

步骤5：对工件表面进行光洁处理。

说明：整个外板的平整、矫形工作完毕后，由于铁锤与垫铁、撬棍等工具作业留下凹凸不平的小痕迹，要用车身锉刀进行最后的修复。

步骤6：对内板的修复。

说明：由于发动机罩的内板位于车身内部，只是起到加强外板刚度的作用，因此，对其表面的质量要求较低，故修复起来也容易很多。其修复方法与外板相似。

步骤7：内板、外板合成。

合成方法：将修复完毕的内板与外板按原来的连接方式合成一体，即将外板的包边重新包住内板的边缘，四角处可用CO_2气体保护焊分段焊几点，以增加牢固度。

三、发动机罩的调整

步骤1：发动机罩与翼子板及前围之间的调整。

调整方法：首先调整发动机罩的前后位置，然后稍微松开固定发动机罩与铰链的螺栓，再扣上发动机罩。发动机罩的前缘必须与翼子板前缘对齐，同时其后缘与前围之间保留足够的缝隙，以避免开启时相互干扰，如图5-47所示。

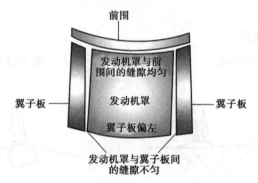

图5-47 发动机罩与翼子板及前围间调整图

步骤2：发动机罩高度的调整。

①首先稍微松开铰链与翼子板及前围边缘处的螺栓，然后轻轻盖上发动机罩，根据情况将它的后缘抬起或压下。

②新换装的发动机罩，容易出现因边缘弯曲造成高度差，如图5-48（a）所示。对此，仅仅通过对铰链等的简单调整不能将发动机罩的变形消除，而需要调整发动机罩的边缘曲线。参照如图5-48（b）所示的方法，用手搬动拱曲部位使其复位；也可参照如图5-48（c）所示的方法，在前端垫上布团，然后用手掌轻轻压下拱曲部位，使其与翼子板边缘高度一致。

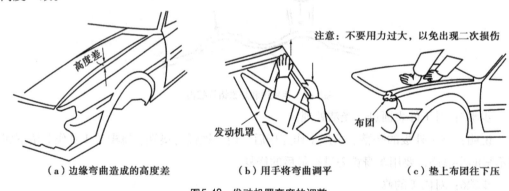

（a）边缘弯曲造成的高度差　　　（b）用手将弯曲调平　　　（c）垫上布团往下压

图5-48 发动机罩高度的调整

任务检测

完成下列练习。

（1）如何分离发动机罩的内板和外板？

（2）发动机罩修复后需要调整哪些位置？

评价与反思

自我评价：

通过本任务的学习，你掌握了哪些知识？

小组评价：

序号	评价项目	评价情况
1	学习态度是否积极、主动	
2	是否服从教学安排	
3	是否达到全勤	
4	着装是否符合要求	
5	是否合理、规范地使用仪器和设备	
6	是否按照安全和规范的规程操作	
7	是否遵守学习、实训场地的规章制度	
8	是否积极、主动地和他人合作、探讨问题	
9	是否能保持学习、实训场地整洁	
10	团结协作情况	

参与评价的学生签名：＿＿＿＿＿＿　日期：＿＿＿＿＿＿

教师评价：

＿＿＿＿＿＿＿＿＿＿＿＿＿＿＿＿＿＿＿＿＿＿＿＿＿＿＿＿＿＿＿＿

＿＿＿＿＿＿＿＿＿＿＿＿＿＿＿＿＿＿＿＿＿＿＿＿＿＿＿＿＿＿＿＿

＿＿＿＿＿＿＿＿＿＿＿＿＿＿＿＿＿＿＿＿＿＿＿＿＿＿＿＿＿＿＿＿

教师签名：＿＿＿＿＿＿　日期：＿＿＿＿＿＿

任务五　掌握汽车前围护面的维修方法

任务描述

通过了解碰撞的过程，能部分地确定汽车所受的损伤。因此，在修复前必须掌握被撞的汽车方位、构造、车速、方向及角度等内容，以便能准确分析、确定引起损伤的实际原因。汽车前围护面是汽车钣金中最容易发生擦刮和变形的。通过本任务的学习，将了解如何对汽车的前围护面进行修复或更换。

任务目标

- 知道汽车前围护面的常见损伤形式；
- 能判断前围护面的损伤情况；
- 能判断板件是需要替换还是矫正；
- 掌握汽车前围护面的修复方法。

任务实施

前围碰撞的损伤修复步骤如下：

①将一根粗细适宜的钢丝绳的一端系在前保险杠的中央凹陷处，即被撞击部位，另一端系在地桩上。

②将该车发动（若此车发动机已损坏不能发动，可用其他车辆往后拖），缓缓倒车。

③随着钢丝绳的拉紧，被撞弯曲的保险杠便可渐渐伸直，如图5-49所示。在拖拉的同时，用锤子随时敲击保险杠弯曲部分的四周，以助伸展和定型。

④大的凹陷被拉平之后，一些小的凹凸不平部分就可借助手锤与垫铁进行手工平整，如图5-50所示。

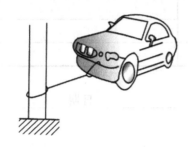

图5-49　用撑拉法修复前围

图5-50　平整凹坑的方法

⑤稍大些的凹坑被顶出后，尚会存在一些小的凸出点。这时，可改用小号铁锤与垫铁配合，仍用上述方法（见图5-51（a））进行敲击，便可将稍小的凸出部分敲平。

⑥将垫铁与铁锤分别从里外对准一个点，对尚存的一些凹凸点很小的部分进行敲击、矫平，使整个工件全部平整，达到理想的修复状态，如图5-51（b）所示。

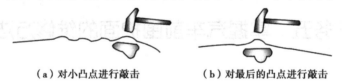

（a）对小凸点进行敲击　　　　　　（b）对最后的凸点进行敲击

图5-51　对工件进行最后平整

任务检测

完成下列练习。

（1）什么是汽车前围护面？

（2）汽车前围护面是用什么材料做的？

评价与反思

自我评价：

通过本任务的学习，你掌握了哪些知识？

小组评价：

序号	评价项目	评价情况
1	学习态度是否积极、主动	
2	是否服从教学安排	
3	是否达到全勤	
4	着装是否符合要求	
5	是否合理、规范地使用仪器和设备	
6	是否按照安全和规范的规程操作	
7	是否遵守学习、实训场地的规章制度	
8	是否积极、主动地和他人合作、探讨问题	
9	是否能保持学习、实训场地整洁	
10	团结协作情况	

参与评价的学生签名：＿＿＿＿＿＿＿＿　　日期：＿＿＿＿＿＿＿＿

教师评价：

_____

_____

_____

教师签名：＿＿＿＿＿＿＿＿　　日期：＿＿＿＿＿＿＿＿

任务六　掌握车顶的维修方法

任务描述

　　本任务主要讲解如何根据车顶的损伤情况来制订不同的作业方法对其损伤进行修复或更换。

任务目标

- 知道车顶的常见损伤形式；
- 掌握车顶与其他钣金件修复的不同之处。

任务实施

一、车顶受到降落物撞击后的修复

　　①首先拆卸汽车车顶绝缘板。

　　a.用旋具等工具卸下压条及其他相关零部件。

b.逐步割断胶黏剂，并将绝缘材料取下来。

c.将残留的胶黏剂清除干净。

②用液压或机械千斤顶将大凹坑顶出。

③经过顶出或拉拽后的车顶，可能会由简单的大面积单一凹陷变成小面积的凹凸不平现象。这时，可应用与撞击相反的顺序来进行修复。

④矫平整个车顶。

二、肇事与翻车造成车顶严重损坏的修复

①用氧—乙炔焊炬使油漆软化，用钢丝刷或刮刀将油漆除掉，如图5-52所示。

②用手提砂轮机拆除焊点，如图5-53所示。

③从汽车上拆下车顶板，如图5-54所示。

④将更换的车顶置于车上并对正位置后，用夹钳固定，然后临时将其点焊在该位置。

⑤检查车身所有框架部位的尺寸和形状。

⑥准确无误后，将车顶牢固地焊接在该位置上。

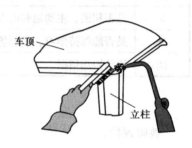

图5-52　清除油漆与焊料

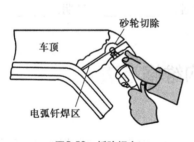

图5-53　拆除焊点

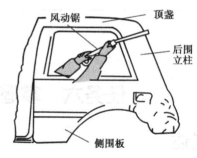

图5-54　拆下车顶

任务检测

完成下列练习。

（1）汽车车顶常见的损伤原因有哪些？

（2）更换车顶的步骤是什么？

评价与反思

自我评价：

通过本任务的学习，你掌握了哪些知识？

小组评价：

序号	评价项目	评价情况
1	学习态度是否积极、主动	
2	是否服从教学安排	
3	是否达到全勤	
4	着装是否符合要求	
5	是否合理、规范地使用仪器和设备	
6	是否按照安全和规范的规程操作	
7	是否遵守学习、实训场地的规章制度	
8	是否积极、主动地和他人合作、探讨问题	
9	是否能保持学习、实训场地整洁	
10	团结协作情况	

参与评价的学生签名：_____ 日期：_____

教师评价：

_____

_____

_____

教师签名：_____ 日期：_____

任务七　掌握汽车后围护面的维修方法

任务描述

　　轿车后围损伤与变形的主要原因是后车追尾，通常是将尾灯碰碎或将塑料保险杠刮坏，严重的是将护面撞凹陷、后门口变形等。通过本任务的学习，将了解如何对汽车的后围护面进行修复或更换。

任务目标

- 知道汽车后围护面的常见损伤形式；
- 能判断后围护面的损伤情况；
- 掌握汽车后围护面的修复方法。

任务实施

　　轿车后围损伤与变形通常是将尾灯碰碎或将塑料保险杠刮坏，严重的是将护面撞凹陷、后门口变形等。一般不必拆卸护面等板件，在车体上便可直接修复，其修复过程不太复杂。后围护面撞击如图5-55所示。

汽车后围护面的维修方法如下：

1.若只是某一点被撞后凹，可在车体上直接修复

①拆卸掉后车尾部的附件，包括尾灯、牌照及其他电器部分。

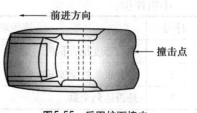

图5-55 后围护面撞击

②借助氧—乙炔火焰对凹坑处加热烘烤（因保险杠一般铁板较厚，不加热很难修复），趁热用撬具将大凹坑顶出。

③凹陷得到初步复位，接着用垫铁与锤子对尚未平整的凹凸变形做进一步修整。

④用锤子渐渐敲平，达到原来形状。

2.若保险杠被撞击严重，拆下保险杠修复

①拆卸保险杠，放在工作平台上。

②将工件的凹坑处朝下，用锤子敲击向上的凸起处（见图5-56（a）），使凸点基本消失。

③工件虽然凸包没有，但还存在大曲率的弯曲，应继续敲击，如图5-56（b）所示。

④采取前面提到的起皱收缩法工艺，对褶皱逐个进行收缩敲击，使其平整。

说明：敲平褶皱后，工件在伸展作用下，势必仍存在一些向上拱曲的现象，但要比以前轻很多（见图5-56（c）），可再用火焰与锤子起皱。

⑤如若还达不到要求，再重复1～2次，直至完全符合要求。

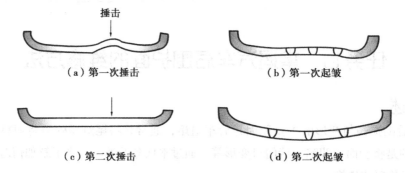

图5-56 保险杠的修复工序

任务检测

完成下列练习。

（1）汽车后围面轻微的凹陷如何修复？

（2）如何用起皱收缩法工艺修复变形严重的后保险杠？

评价与反思

自我评价：

通过本任务的学习，你掌握了哪些知识？

小组评价：

序号	评价项目	评价情况
1	学习态度是否积极、主动	
2	是否服从教学安排	
3	是否达到全勤	
4	着装是否符合要求	
5	是否合理、规范地使用仪器和设备	
6	是否按照安全和规范的规程操作	
7	是否遵守学习、实训场地的规章制度	
8	是否积极、主动地和他人合作、探讨问题	
9	是否能保持学习、实训场地整洁	
10	团结协作情况	

参与评价的学生签名：＿＿＿＿＿＿＿　日期：＿＿＿＿＿＿＿

教师评价：

＿＿＿＿＿＿＿＿＿＿＿＿＿＿＿＿＿＿＿＿＿＿＿＿＿＿＿＿＿＿＿＿＿＿＿＿

＿＿＿＿＿＿＿＿＿＿＿＿＿＿＿＿＿＿＿＿＿＿＿＿＿＿＿＿＿＿＿＿＿＿＿＿

＿＿＿＿＿＿＿＿＿＿＿＿＿＿＿＿＿＿＿＿＿＿＿＿＿＿＿＿＿＿＿＿＿＿＿＿

教师签名：＿＿＿＿＿＿＿＿　日期：＿＿＿＿＿＿＿＿

任务八　掌握汽车侧围护面的维修方法

任务描述

　　汽车侧围护面因撞击而造成损坏的因素一般有两种，即自身主动型撞击与被动型撞击。主动型撞击：一般是驾驶员不注意操作造成的问题；被动型撞击：这种撞击一般发生在汽车驾驶员正常行驶时，突然受一侧开来的车辆撞击，造成左侧或右侧的损伤变形。通过本任务的学习，将了解如何对汽车的后围护面进行修复或更换。

任务目标

- 知道汽车侧围护面的常见损伤形式；
- 掌握汽车侧围支柱和门槛的修复方法。

任务实施

一、汽车侧围被撞击的修复

　　因轿车的侧围只包括门框与门槛，故无须拆割下来。左侧围被撞击的修复如下：

①把左侧围上前后两个受损车门拆掉，待修复后再重新安装。

②将撑拉器一端挂于立柱上，另一端拴在其他建筑物体，如图5-57所示。

③用撑拉器单一方向将左侧车门中柱拉回原来状态。

④用手提式油缸从里边撑顶，同时拉拔前支柱（见图5-58），修复侧围前柱。

图5-57 复位撑拉法

⑤将顶角凹陷处初步敲起，用螺旋式撑拉器置门框右上角与左下角之间，如图5-59所示。

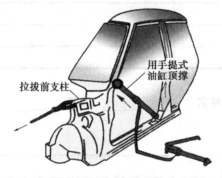

图5-58 侧围前立柱修复

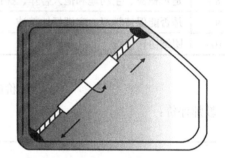

图5-59 矫正车门框

⑥用锤子、垫铁及氧—乙炔火焰等修复凹坑和凸起，最后整平。

二、汽车侧围门槛的修复

①把损坏的部分切掉，以方便拆卸，如图5-60所示。

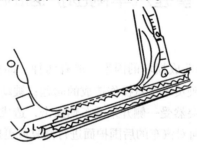

图5-60 切掉损坏部分

②用气动砂轮机打磨掉焊缝，如图5-61所示。

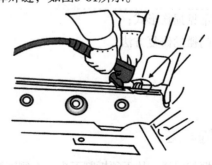

图5-61 打磨焊缝

③用小型带式打磨器从内侧打磨焊接部位，如图5-62所示。

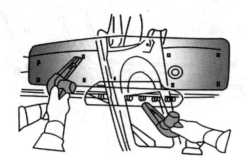

图5-62 打磨内侧焊接部位

④用电钻逐点钻除焊点，这些孔在安装新件时将用来作塞焊孔，至此即可拆下门槛外板，如图5-63所示。

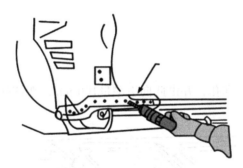

图5-63 用电钻钻除焊点

⑤新门槛板安装前，先在塞焊孔处涂上透焊防蚀涂料。

⑥在后轮罩上与门槛外板的接合部位涂上密封剂，如图5-64所示。

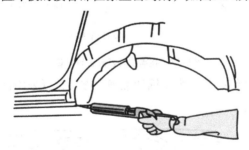

图5-64 涂敷密封剂

⑦在门槛接合面上涂敷适当的环氧树脂焊缝黏结剂。

⑧对好定位孔，将新板放置到位并夹紧，如图5-65所示。

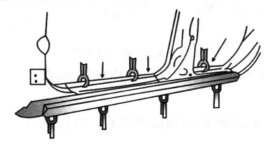

图5-65 装夹新门板

⑨如图5-66所示，对A—E的部位进行钎焊，然后在孔内用CO_2气体保护焊进行塞焊。

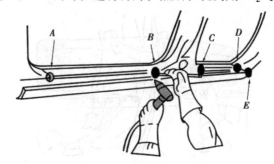

图5-66　在定位孔内塞焊

⑩用气动砂轮机磨平塞焊和钎焊焊迹，然后用打磨机进行打磨，再涂上接缝密封胶。

⑪按正确的方法在新安装的门槛内表面涂防蚀剂，完成安装。

三、支柱的更换

1.前支柱的截断

①找到支柱上端的基准孔，并由此向下测量100 mm，在该处内侧作标记，如图5-67所示。

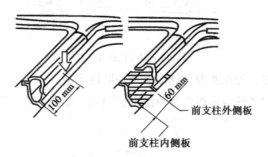

图5-67　在前支柱截断位置标记

②在两根截断线处仔细截断，为了锯切准确、方便，可采用锯切夹具。这种夹具可用边角料自制，如图5-68所示。

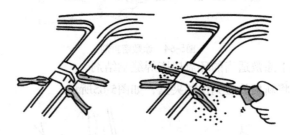

图5-68　用夹具使前支柱切口整齐

③从支柱内侧仔细钻除支柱上两个切口之间和底部的焊点，卸下支柱。

2.前支柱的安装过程

①安装前，把约70 mm长的支柱内的旧泡沫填充材料清除掉，以便填充新泡沫材料，

让排水软管在排水管的连接管插入时能够膨胀，如图5-69所示。

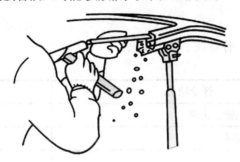

图5-69　清除前支柱内的旧泡沫材料

②把支柱上端截至与所需尺寸相配的对接接口。

③在支柱底座上钻出塞焊孔，塞焊将用CO_2气体保护焊进行。

④在排水软管上涂上肥皂水，使连接管插入容易，然后将新支柱安装就位，如图5-70所示。

⑤将支柱夹紧固定，检测其定位配合情况。

⑥取下支柱，仅在塞焊接合面涂上透焊防锈剂。

⑦在其余配合表面涂焊缝胶黏剂。

⑧按制造厂家的说明进行塞焊和缝焊，修整焊缝。

⑨由支柱内侧上部的注入孔注入泡沫材料，如图5-71所示。

⑩清除连接部位多余的泡沫材料。

⑪焊缝部位涂双组分环氧树脂保护漆和颜色涂料。

⑫在未填充泡沫材料的内表面涂防锈剂。

⑬装上车门和前翼子板，检查定位质量。

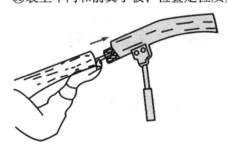

图5-70　安装有排水软管的支柱

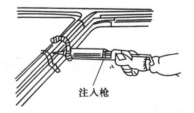

注入枪

图5-71　注入泡沫材料

任务检测

完成下列练习。

（1）通常汽车侧围护面受到被动型撞击后会造成哪些部位受损伤？

（2）如何对变形的汽车侧围门槛进行修复？

评价与反思

自我评价：

通过本任务的学习，你掌握了哪些知识？

小组评价：

序号	评价项目	评价情况
1	学习态度是否积极、主动	
2	是否服从教学安排	
3	是否达到全勤	
4	着装是否符合要求	
5	是否合理、规范地使用仪器和设备	
6	是否按照安全和规范的规程操作	
7	是否遵守学习、实训场地的规章制度	
8	是否积极、主动地和他人合作、探讨问题	
9	是否能保持学习、实训场地整洁	
10	团结协作情况	

参与评价的学生签名：_____ 日期：_____

教师评价：

_____

_____

_____

教师签名：_____ 日期：_____

任务九　掌握车门的维修方法

任务描述

在日常生活中，汽车车门损伤是车辆事故中发生概率仅次于保险杠的一个部位，无论是交通事故还是驾驶员的人为原因，汽车车门都容易出现各种擦碰。通过本任务的学习，将了解如何对汽车车门的损伤进行修复或对汽车车门进行更换。

任务目标

- 能判断汽车车门的不同损伤情况；
- 知道汽车车门的不同修复方式；
- 懂得汽车车门门板的翻边。

任务实施

因车门是汽车车身总成中的可拆卸部件，是由内板、外板合成的盒式构件，故应根据其受损的轻重程度与情况的不同，采取不同的修复方式。

- 不卸掉内板，在车身上直接修复。
- 不卸掉内板，但须卸下车门在工作台上修复。
- 既卸下车门总成，又卸掉内板（内板、外板分离）的修复等。

如果碰撞情况较轻，撞击的部位较易修整，可不必将车门总成拆卸下来，而在车身上直接修复。可采用钻孔拉伸法，也可采用焊接垫圈拉伸法。

车门面板的更换步骤如下：

①在拆卸车门前，应检查车门铰链是否弯曲，观察车门与门洞之间的位置关系。

②查看面板的固定方式，以确定需要拆卸内部的哪些构件。

③拆下车门玻璃，以免在修理车门时破裂。

④拆下车门，放到合适的工作场所。

⑤用氧—乙炔焰和钢丝刷除掉面板边缘焊点部位的油漆，然后用钻和焊点剔除工具除掉焊点。

⑥在门框上贴上标记条，分别测出面板边缘到标记条下边线的距离b和面板边缘到门框的距离a，如图5-72所示。

⑦用等离子弧切割机或砂轮机把面板与门框之间的钎焊缝剔除。

⑧打磨面板边缘的翻边，只需磨掉外缘而使其断开即可，不要打磨到门框上，如图5-73所示。

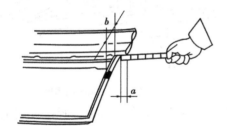

图5-72 测量距离

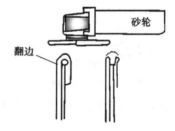

图5-73 翻边外缘打磨前后的断面

⑨用锤子和錾子把面板与门框剥离开来。用剪刀沿那些无法钻掉或磨掉的焊点周围把面板剪开，如图5-74所示。

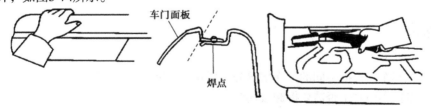

图5-74 用剪刀沿焊点周围剪开

⑩到面板能自由活动时，拆下面板。

⑪拆下面板后检查门框的损坏情况，同时对内部损伤进行修理。

⑫在焊接部位涂上透焊防蚀涂料，其余裸露部位涂防锈漆或其他防锈涂料。

⑬准备安装新面板。钻出或冲出塞焊用孔，用砂纸磨去焊接或钎焊部位的油漆。裸露部分应涂上透焊防蚀涂料。

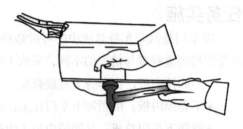

图5-75　敲出面板边缘的翻边

⑭有些面板配有隔音板，这些隔音板必须固定到面板上，这时应先用酒精擦净面板，然后用加热灯对面板和隔音板进行加热，最后用黏结剂将它们黏结起来。

⑮在新面板背面涂上车身密封胶，在距翻边10 mm处均匀涂抹，厚度为3 mm。

⑯用夹钳将面板安装到门框上，准确地对好位置，对需要钎焊的部位进行钎焊。

⑰用锤子和铁砧做翻边，翻边时铁砧上应包上布，以免划伤面板。翻边应分3步逐步进行，注意不要使面板错位，不要出现凸起或折痕，如图5-75所示。

⑱翻边到30°后，用翻边钳收尾。收尾也分3步进行，同时要注意不要造成面板变形，如图5-76所示。

⑲用点焊或塞焊焊接车门玻璃框，然后再对翻边进行定位点焊，如图5-77所示。

⑳在翻边处涂上接缝密封胶，在焊接和钎缝部位的内侧涂防蚀涂料。

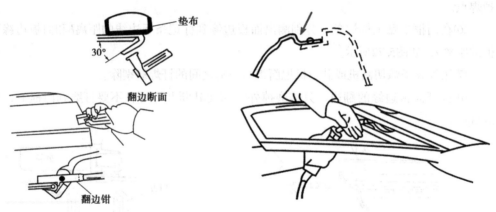

图5-76　用翻边钳进行翻边　　　　　　图5-77　车门玻璃框的焊接

㉑在新面板上钻出用于安装嵌条和装饰条的孔。在安装任何零件前，所有的棱边都应修整好。

㉒将车门放入门洞内，检查定位状况，为表面修饰做好准备后，把车门装好。

㉓调准车门与相邻板件之间的位置关系，检查转动是否灵活。

任务检测

完成下列练习。

（1）汽车车门根据不同的损伤情况分为哪几种修复方法？

（2）维修车门时是否需要拆卸玻璃？

评价与反思

自我评价：

通过本任务的学习，你掌握了哪些知识？

小组评价：

序号	评价项目	评价情况
1	学习态度是否积极、主动	
2	是否服从教学安排	
3	是否达到全勤	
4	着装是否符合要求	
5	是否合理、规范地使用仪器和设备	
6	是否按照安全和规范的规程操作	
7	是否遵守学习、实训场地的规章制度	
8	是否积极、主动地和他人合作、探讨问题	
9	是否能保持学习、实训场地整洁	
10	团结协作情况	

参与评价的学生签名：＿＿＿＿＿＿　　日期：＿＿＿＿＿＿

教师评价：

＿＿＿＿＿＿＿＿＿＿＿＿＿＿＿＿＿＿＿＿＿＿＿＿＿＿＿＿＿＿＿＿＿＿＿＿

＿＿＿＿＿＿＿＿＿＿＿＿＿＿＿＿＿＿＿＿＿＿＿＿＿＿＿＿＿＿＿＿＿＿＿＿

＿＿＿＿＿＿＿＿＿＿＿＿＿＿＿＿＿＿＿＿＿＿＿＿＿＿＿＿＿＿＿＿＿＿＿＿

教师签名：＿＿＿＿＿＿　　日期：＿＿＿＿＿＿

任务十　掌握车用塑料件的维修方法

任务描述

近年来，用塑料制作的各种汽车车身零件越来越多，特别是前部车身，如保险杠、前围、翼子板、发动机罩、散热器罩、仪表板及装饰板等。通过本任务的学习，将了解如何对汽车的部分塑料件进行修复或更换。

任务目标

- 了解汽车上塑料件的应用；
- 掌握汽车部分塑料部件的修复方法。

任务实施

一、塑料板件的焊接原理

塑料板件焊接采用热空气焊炬，如图5-78所示。热空气焊炬采用陶瓷或不锈钢电热元件来产生热风，热风的温度为230～340 ℃。

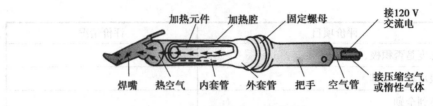

图5-78　热空气焊炬

二、热空气塑料焊炬的焊嘴

• 定位焊焊嘴：用于断裂板件的定位焊。这种焊接在必要时可较容易地拉开，以便重新定位。

• 圆形焊嘴：用于填充小的孔眼或形成短焊缝，也可用于难以靠近部位的焊接和尖角部位的焊接。

• 快速焊嘴：用于直而长的接缝的焊接。这种焊嘴可夹持焊条，对焊条预热，并将焊条喂到焊道处，因而可进行快速焊接。

任务检测

完成下列练习。

（1）塑料的特性有哪些？

（2）举例说明塑料件在汽车中的应用（至少5个）。

评价与反思

自我评价：

通过本任务的学习，你掌握了哪些知识？

小组评价：

序号	评价项目	评价情况
1	学习态度是否积极、主动	
2	是否服从教学安排	
3	是否达到全勤	
4	着装是否符合要求	
5	是否合理、规范地使用仪器和设备	
6	是否按照安全和规范的规程操作	
7	是否遵守学习、实训场地的规章制度	
8	是否积极、主动地和他人合作、探讨问题	
9	是否能保持学习、实训场地整洁	
10	团结协作情况	

参与评价的学生签名：＿＿＿＿＿＿　　日期：＿＿＿＿＿

教师评价：

_____

_____

_____

教师签名：_____　　日期：_____

参考文献

［1］刘森. 汽车钣金工基本技术[M]. 北京：金盾出版社，2001.

［2］黄平. 汽车车身修复技术[M]. 北京：人民交通出版社，2005.

［3］吴洁，张磊. 冷作钣金工实际操作手册[M]. 沈阳：辽宁科学技术出版社，2006.

［4］中国汽车维修行业协会. 车身修复[M]. 北京：人民交通出版社，2008.

［5］周宇辉. 钣金工入门[M]. 合肥：安徽科学技术出版社，2009.

［6］何永恒，黄勇. 汽车钣金工等级考试必读[M]. 北京：金盾出版社，2010.

［7］章飞，翟斌. 钣金展开与加工工艺[M]. 2版. 北京：机械工业出版社，2007.

［8］姚秀驰. 汽车钣金基础[M]. 北京：人民交通出版社，2013.

［9］刘云龙. CO_2气体保护焊技术[M]. 北京：机械工业出版社，2009.